斯

黑龙江省

● 哈尔滨

内蒙古自治区

● 长春

吉林省

● 沈阳

辽宁省

和浩特
●

★ 北京市

河北省

天津市

朝鲜

韩国

● 太原

● 石家庄

渤海

□ 大连

山西省

● 济南

山东省

□ 青岛

东京 ★

□
洛阳

● 郑州

江苏省

黄 海

河南省

安徽省

苏州
□

● 合肥

● 南京

湖北省

● 武汉

上海市

● 杭州

浙江省

东 海

长沙 ●
●

● 南昌

江西省

南省

福建省

● 福州

台北 ○

□ 厦门

台湾

广东省

广州 ●

● 深圳

□

香港（特别行政区）

澳门（特别行政区）
マカオ

□

★	首都
●	省都
□	有名都市
⊓⊔	万里の長城

2冊めの中国語

講読クラス（改訂版）

劉　　　　　穎
柴　　　　　森
小澤　正人
杉野　元子　著

白水社

───── 音声ダウンロード ─────

  白水社ホームページ（http://www.hakusuisha.co.jp/download/）
から音声をダウンロードすることができます。（お問い合わ
せ先：text@hakusuisha.co.jp）

表紙・挿絵　佐藤淳子

は じ め に

　本書は中国語の基礎を終えた人を対象に、週1回の授業用に作成しました。これまでの「中級」テキストのように「初級」から急に高度になるのではなく、1年間中国語を学んだ学習者がその延長で徐々にレベルアップできるように編集してあります。

　テキストは全体で12課からなっており、通年のクラスだけではなく、セメスター制のクラスでも使えます。また、本書の「姉妹編」となる《会話クラス》とは、本文の内容、文法項目、単語の多くが重なるため、併用すればさらに学習効果が高まります。

　本書の構成は次のとおりです。

1.	［本　文］	日本で中国人に出会ったときに話題になりそうな内容を選び、日記風の文章にしてあります。
	［キーポイント］	本文中の文法や表現を、用例を挙げて簡潔にまとめました。ここでは新しい表現を学ぶとともに、初級で学んだ基礎文法も確認できます。
	［練習問題］	本文で取り上げた文型や表現をマスターするための練習問題です。文章読解の問題もあり、検定試験対策にもなります。
2.	［文法のまとめ］	4課ごとに、文章読解のうえで鍵となる基礎文法を、テーマ別にまとめてあります。
3.	［単語表］	テキストの単語索引（中 → 日）

　本書を編集するにあたって、できるだけ現在の中国や日本での生活に基づいた題材や表現を選ぶように心がけました。それは学習者が中国語で日常的なメールなどのやりとりができるようになるとともに、自分の身近な話題を中国人に話すこともできるようになってもらいたいと考えたからです。その意味で本書は講読のテキストであるだけでなく、日常的な会話にも役立ち、自分の考えを表現するきっかけにもなると考えています。

　改訂にあたっては、近年の社会事情を反映しながら、姉妹編である《会話クラス》とともに、より使いやすいテキストをめざしました。本書を通じて、学習者が「読む」「書く」「話す」の力を身につけられれば、著者としてこれに勝ることはありません。

　2023年10月

　　　　　　　　　　　　　　　　　　　　　　　　　　　　　　　　　　著　者

目　　次

我 叫 高岛 明。 我 是 日本
Wǒ jiào Gāodǎo Míng. Wǒ shì Rìběn

东方 大学 心理学 系 二 年级 的
Dōngfāng Dàxué xīnlǐxué xì èr niánjí de

学生。 我 的 专业 是 社会 心理学。
xuésheng. Wǒ de zhuānyè shì shèhuì xīnlǐxué.

我 对 中国人 的 消费 心理 非常 感 兴趣。
Wǒ duì Zhōngguórén de xiāofèi xīnlǐ fēicháng gǎn xìngqù.

我 一 个 星期 有 十六 节 课。 有的 课 是 必修课, 有的 课
Wǒ yí ge xīngqī yǒu shíliù jié kè. Yǒude kè shì bìxiūkè, yǒude kè

是 选修课。 下课 后, 我们 一般 有 社团 活动, 我 参加 的 是
shì xuǎnxiūkè. Xiàkè hòu, wǒmen yìbān yǒu shètuán huódòng, wǒ cānjiā de shì

足球队。 没有 活动 的 时候, 我 一般 去 打工。
zúqiúduì. Méiyǒu huódòng de shíhou, wǒ yìbān qù dǎgōng.

昨天, 我 认识了 一 个 日本 文学 专业 的 中国 留学生, 她
Zuótiān, wǒ rènshile yí ge Rìběn wénxué zhuānyè de Zhōngguó liúxuéshēng, tā

叫 李 芳。 我们 交换了 电子 邮箱, 希望 今后 能 多 交流。
jiào Lǐ Fāng. Wǒmen jiāohuànle diànzǐ yóuxiāng, xīwàng jīnhòu néng duō jiāoliú.

我 的 大学 生活 既 充实 又 愉快。
Wǒ de dàxué shēnghuó jì chōngshí yòu yúkuài.

02

単語

自我介绍 zìwǒ jièshào　自己紹介　　**心理学** xīnlǐxué 图　心理学　　**系** xì 图　学部　　**年级** niánjí 图　学年
专业 zhuānyè 图 学科、専攻　　**对** duì 前 ～に対して　　**消费** xiāofèi 動 消費する　　**感兴趣** gǎn xìngqù 興味
がある　**节** jié 量 (授業の)コマ　　**有的～有的…** yǒude ～ yǒude … 　～もあるし…もある、～もいるし…もいる
必修课 bìxiūkè 图 必修科目　　**选修课** xuǎnxiūkè 图 選択科目　　**下课** xiàkè 動 授業が終わる　　**后** hòu 图 後
一般 yìbān 副 通常、たいてい　　**社团活动** shètuán huódòng 　(学生の)クラブやサークル活動　　**参加** cānjiā 動 参
加する　**足球队** zúqiúduì 图 サッカーチーム　　**时候** shíhou 图 とき　　**打工** dǎgōng 動 アルバイトをする
认识 rènshi 動 知り合う　　**交换** jiāohuàn 動 交換する　　**电子邮箱** diànzǐ yóuxiāng 　メールアドレス
希望 xīwàng 動 希望する、望む　　**今后** jīnhòu 图 今後、以後　　**交流** jiāoliú 動 交流する
既～又… jì ～ yòu … 　～でもあり…でもある　　**充实** chōngshí 形 充実している　　**愉快** yúkuài 形 楽しい

05

1 **名詞の前の"的"** —— 名詞の前に修飾語がくるときに使う。修飾語には名詞、形容詞、動詞やフレーズなどがある。

小林 是 <u>经济 系 二 年级 的</u> 学生。
Xiǎolín shì jīngjì xì èr niánjí de xuésheng.

我们 大学 有 <u>一 个 很 大 的</u> 图书馆。
Wǒmen dàxué yǒu yí ge hěn dà de túshūguǎn.

我 很 喜欢 吃 <u>妈妈 包 的</u> 饺子。
Wǒ hěn xǐhuan chī māma bāo de jiǎozi.

2 **前置詞"对"** 「～に対して」 —— 前置詞フレーズは、動詞や形容詞の前に置くことが多い。

他 **对** <u>欧美 文学</u> 很 感 兴趣。　　* 欧美 Ōu-Měi：欧米
Tā duì Ōu-Měi wénxué hěn gǎn xìngqù.

我 父母 **对** 我们 非常 严格。　　* 严格 yángé：厳しい
Wǒ fùmǔ duì wǒmen fēicháng yángé.

3 **"有的 ～ 有的 …"** 「～もあるし…もある」「～もいるし…もいる」

有的 时候 上午 来 大学，**有的** 时候 下午 来。
Yǒude shíhou shàngwǔ lái dàxué, yǒude shíhou xiàwǔ lái.

有的 人 喜欢 古典 音乐，**有的** 人 喜欢 流行 音乐。
Yǒude rén xǐhuan gǔdiǎn yīnyuè, yǒude rén xǐhuan liúxíng yīnyuè.

* **"有的～"**「～のもある／いる」のように、1つだけの場合もある。

有的 商店 关门 很 晚。　　* 关门 guānmén：閉店する
Yǒude shāngdiàn guānmén hěn wǎn.

4 **"既 ～ 又 …"** 「～でもあり…でもある」

我们 的 大学 生活 **既** 充实 **又** 愉快。
Wǒmen de dàxué shēnghuó jì chōngshí yòu yúkuài.

他 爸爸 **既** 是 医生，**又** 是 大学 教授。　　* 医生 yīshēng：医者
Tā bàba jì shì yīshēng, yòu shì dàxué jiàoshòu.

* **"又 ～ 又 …"** も同じ意味で使う。

我 姐姐 **又** 喜欢 吃，**又** 喜欢 玩儿。
Wǒ jiějie yòu xǐhuan chī, yòu xǐhuan wánr.

1 本文にならって、自分のことを漢字とピンインで書き、さらに話してみましょう。

我　是 _____ 大学 _____ 系
Wǒ　shì　（　　　　　　　　　）　dàxué　（　　　　　　　　　）　xì

_____ 年级　的　学生。　我　的　专业　是 _____。
（　　　　　　　）niánjí　de　xuésheng.　Wǒ　de　zhuānyè　shì　（　　　　　　　　　　　）.

我　一　个　星期　有 _____ 汉语　课。
Wǒ　yí　ge　xīngqī　yǒu　（　　　　　　　　　）　Hànyǔ　kè.

我　对 _____ 非常　感　兴趣。
Wǒ　duì　（　　　　　　　　　　　　　　　　　　　　）　fēicháng　gǎn　xìngqù.

2 日本語を参考に、（　）に適切な語句を入れましょう。

1)　私はファッションに対してとても興味を持っている。　　　　　* ファッション：时装 shízhuāng

我　（　　　　　　　）　很　感　兴趣。
Wǒ　　　　　　　　　　hěn　gǎn　xìngqù.

2)　これは彼が昨日図書館で借りた本だ。　　　　　* 借りる：借 jiè

这　是　他　昨天　在　图书馆　借　（　　　　）　书。
Zhè　shì　tā　zuótiān　zài　túshūguǎn　jiè　　　　　　　shū.

3)　李さんは私の友達でもあり、私の中国語の先生でもある。

小　李　（　　　　）　是　我　的　朋友，（　　　　）　是　我　的　汉语　老师。
Xiǎo　Lǐ　　　　　　　shì　wǒ　de　péngyou,　　　　　　shì　wǒ　de　Hànyǔ　lǎoshī.

4)　中国語を学ぶ学生もいるし、英語を学ぶ学生もいる。

（　　　　　　　）　学习　汉语，（　　　　　　　）　学习　英语。
　　　　　　　　　　xuéxí　Hànyǔ,　　　　　　　　　　xuéxí　Yīngyǔ.

3 次の日本語を参考に、語句を並べ替えましょう。

1) 彼は日本の漫画にとても興味がある。

漫画 / 日本 / 他 / 很 / 对 / 感兴趣 / 的

----

2) このレストランの料理はおいしいし安い。

既 / 便宜 / 的 / 这个 / 菜 / 又 / 好吃 / 餐厅

----

3) あの女性の先生は、私たちに中国語を教えてくださる張先生だ。

我们 / 张老师 / 教 / 那个 / 汉语 / 是 / 的 / 女老师

----

4) 彼は日本に留学したとき、よく中華街へ行った。

＊ よく：常 cháng
＊ 中華街：中华街 Zhōnghuájiē

时候 / 日本 / 他 / 中华街 / 的 / 在 / 常 / 留学 / 去

----

4 次の文を読み、下の設問に答えましょう。

　　她叫张丽，是大海大学外语系日本文学专业三年级(¹　　　)学生。她大学一年级的(²　　　)认识了一个日本留学生。下课后，她们有的时候一起去逛商店＊，(³　　　)时候一起去看电影。她们(⁴　　　)是同学，(⁵　　　)是好朋友。

＊ 逛商店 guàng shāngdiàn：ウインドーショッピングをする

問1： （ ）の1〜5に入る語句を下から選び、書き入れましょう。

又　　的　　既　　有的　　时候

問2： 上の文の内容と同じものに ○、違うものに×をつけましょう。

- a. 張さんは留学したときに日本人の友達ができた。　　　　（　　）
- b. 張さんはときどき日本人のボーイフレンドと映画を見にいった。（　　）
- c. 張さんはある日本人の留学生と2年前から友達になった。　（　　）
- d. 張さんは1年生のときに日本人留学生に友達を紹介してもらった。（　　）

第 2 课　我的家庭

Wǒ de jiātíng

我　家　在　横滨。　我　家　有　六
Wǒ　jiā　zài　Héngbīn.　Wǒ　jiā　yǒu　liù

口　人。　爷爷、　爸爸、　妈妈、　一　个
kǒu　rén.　Yéye、　bàba、　māma、　yí　ge

姐姐、　一　个　弟弟　和　我。
jiějie、　yí　ge　dìdi　hé　wǒ.

我　爷爷　已经　七十　多　岁　了。　他　身体　很　健康，　每　个　月
Wǒ　yéye　yǐjīng　qīshí　duō　suì　le.　Tā　shēntǐ　hěn　jiànkāng,　měi　ge　yuè

都　跟　他　的　朋友　去　爬山。　我　爸爸　和　我　妈妈　都　工作。
dōu　gēn　tā　de　péngyou　qù　páshān.　Wǒ　bàba　hé　wǒ　māma　dōu　gōngzuò.

他们　每　天　都　很　忙，　有的　时候　连　周末　也　不　能　休息，　非常
Tāmen　měi　tiān　dōu　hěn　máng,　yǒude　shíhou　lián　zhōumò　yě　bù　néng　xiūxi,　fēicháng

辛苦。
xīnkǔ.

我　姐姐　今年　大学　四　年级，　明年　毕业。　现在　她　正在　努力
Wǒ　jiějie　jīnnián　dàxué　sì　niánjí,　míngnián　bìyè.　Xiànzài　tā　zhèngzài　nǔlì

地　写　毕业　论文。　我　弟弟　还　是　初中生，　他　没有　我　姐姐
de　xiě　bìyè　lùnwén.　Wǒ　dìdi　hái　shì　chūzhōngshēng,　tā　méiyǒu　wǒ　jiějie

那么　用功，　整天　光　玩儿。　不过，　成绩　还　可以。
nàme　yònggōng,　zhěngtiān　guāng　wánr.　Búguò,　chéngjì　hái　kěyǐ.

你　有　兄弟　姐妹　吗？
Nǐ　yǒu　xiōngdì　jiěmèi　ma?

単語

家庭 jiātíng 名　家庭　　**横滨** Héngbīn 名　横浜　　**口** kǒu 量　家族の人数を数えるときに使う　　**爷爷** yéye 名　父方の祖父　　**多** duō 数　（数詞の後に置いて）～あまり　　**健康** jiànkāng 形　健康である　　**每～都…** měi～dōu…　すべての～はみな…　　**爬山** páshān 動　山登りする　　**连～也…** lián～yě…　～さえも…　　**周末** zhōumò 名　週末　　**辛苦** xīnkǔ 形　心身ともにつらい　　**毕业** bìyè 動　卒業する　　**正在** zhèngzài 副　ちょうど～している　　**地** de 助　動詞・形容詞の前に修飾語がくるときに使う　　**论文** lùnwén 名　論文　　**还** hái 副　まだ　　**初中生** chūzhōngshēng 名　中学生　　**那么** nàme 代　そんなに、あんなに　　**用功** yònggōng 形　（勉強に）熱心である　　**整天** zhěngtiān 名　一日中　　**光** guāng 副　～ばかり　　**成绩** chéngjì 名　成績　　**还可以** hái kěyǐ　まあまあである　　**兄弟** xiōngdì 名　兄弟　　**姐妹** jiěmèi 名　姉妹

09

1 "每～都…"　「すべての～はみな …」 ── 例外がないことを表わす。

每 个 周末 哥哥 **都** 去 打 乒乓球。
Měi ge zhōumò gēge dōu qù dǎ pīngpāngqiú.

每 张 桌子 上 **都** 有 一 台 电脑。
Měi zhāng zhuōzi shàng dōu yǒu yì tái diànnǎo.

2 "连～也…"　「～さえも …」

那 首 歌儿 **连** 孩子 **也** 会 唱。　　*孩子 háizi：子供
Nà shǒu gēr lián háizi yě huì chàng.

这 件 事 **连** 他 父母 **也** 不 知道。
Zhè jiàn shì lián tā fùmǔ yě bù zhīdào.

＊"连～都…"も同じ意味で使う。　他 太 忙 了，**连** 午饭 **都** 没 吃。
Tā tài máng le, lián wǔfàn dōu méi chī.

3 動詞・形容詞の前の"地"── 動詞や形容詞の前に修飾語がくるときに使う。修飾語には
形容詞や成語、フレーズなどがある。

学生们 正在 <u>努力 **地**</u> 学习 汉语。
Xuéshengmen zhèngzài nǔlì de xuéxí Hànyǔ.

我 希望 能 <u>自由自在 **地**</u> 生活。　　*自由自在 zìyóuzìzài：思いのままに
Wǒ xīwàng néng zìyóuzìzài de shēnghuó.

4 比較用法　　A "没(有)" B～　「A は B ほど～ではない」

他 **没(有)** 他 姐姐 那么 用功。
Tā méi(yǒu) tā jiějie nàme yònggōng.

昨天 **没(有)** 今天 这么 暖和。　　*这么 zhème：こんなに、そんなに
Zuótiān méi(yǒu) jīntiān zhème nuǎnhuo.

＊"这么"と"那么"は形容詞の前に置き、程度を表わす。

10

■ 家族呼称 ■

爷爷 yéye（祖父 zǔfù）　　姥爷 lǎoye（外祖父 wàizǔfù）　　爸爸 bàba（父亲 fùqin）
父方のおじいさん（祖父）　　母方のおじいさん（外祖父）　　お父さん（父親）

奶奶 nǎinai（祖母 zǔmǔ）　　姥姥 lǎolao（外祖母 wàizǔmǔ）　　妈妈 māma（母亲 mǔqin）
父方のおばあさん（祖母）　　母方のおばあさん（外祖母）　　お母さん（母親）

1 次のピンインを漢字に直し、1) と 2) は本文を参考に、3) は自由に答えましょう。

1) 問： Gāodǎo jiā yǒu jǐ kǒu rén?

　　　　..

　　答： ....

2) 問： Tā yéye měi ge yuè dōu qù páshān ma?

　　　　..

　　答： ....

3) 問： Nǐ yǒu xiōngdì jiěmèi ma?

　　　　..

　　答： ....

2 日本語を参考に、（　）に適切な語句を入れましょう。

1) 彼は携帯電話さえも持っていない。

　　他 （　　　　） 手机 也 没有。
　　Tā　　　　　　 shǒujī yě méiyǒu.

2) 私の両親は毎年海外旅行へ行く。

　　我 父母 （　　　）年 （　　　） 去 国外 旅行。
　　Wǒ fùmǔ　　　 nián　　　　 qù guówài lǚxíng.

3) 今回買ったミカンは前回ほどそんなに甘くない。　　* 前回：上次 shàng cì

　　这 次 买 的 橘子 没有 上 次 （　　　　） 甜。
　　Zhè cì mǎi de júzi méiyǒu shàng cì　　　　 tián.

4) 森山先生は熱心に留学生に日本語を教えている。　　* 熱心である：热心 rèxīn

　　森山 老师 正在 热心 （　　） 教 留学生 日语。
　　Sēnshān lǎoshī zhèngzài rèxīn　　 jiāo liúxuéshēng Rìyǔ.

3 次の日本語を参考に、語句を並べ替えましょう。

1) 学生たちは楽しく交流している。

地 / 正在 / 交流 / 学生们 / 愉快

----

2) 私は彼の名前さえも知らない。

知道 / 名字 / 连 / 也 / 的 / 不 / 我 / 他

----

3) 今年の夏は去年ほど暑くはない。

热 / 夏天 / 去年 / 的 / 那么 / 今年 / 没有

----

4) 私の妹は毎回試験の成績が悪くはない。　　　　　　　　　　* 悪くない：不错 búcuò

不错 / 我 / 考试成绩 / 都 / 次 / 的 / 每 / 妹妹

----

4 次の文を読み、下の設問に答えましょう。

　　我爸爸的公司里有一个(¹　　　)台湾来(²　　　)职员*。他有一个孩子，今年十九岁(³　　　)，现在(⁴　　　)我们大学留学。<u>他学习很忙，连星期六都有课。</u>下课(⁵　　　)，我们经常一起做作业*。他也是我的汉语老师，经常热心(⁶　　　)教我汉语。不过，我的汉语(⁷　　　)他的日语(⁸　　　)好。

* 职员 zhíyuán：社员
* 经常 jīngcháng：よく、しょっちゅう
* 做作业 zuò zuòyè：宿題をやる

問1： （　）の1〜8に入る語句を下から選び、書き入れましょう。

在　　　从　　　的　　　地　　　后　　　那么　　　没有　　　了

問2： 下線部を日本語に訳しましょう。

12　13

我们　家　除了　我　爷爷　以外　都
Wǒmen jiā chúle wǒ yéye yǐwài dōu

喜欢　上网。我　爸爸　喜欢　看　网上
xǐhuan shàngwǎng. Wǒ bàba xǐhuan kàn wǎngshàng

的　新闻，他　觉得　比　看　报　有意思。
de xīnwén, tā juéde bǐ kàn bào yǒuyìsi.

妈妈　和　姐姐　喜欢　网购，又　便宜　又　方便。
Māma hé jiějie xǐhuan wǎnggòu, yòu piányi yòu fāngbiàn.

我　非常　喜欢　上网　聊天儿。你　可以　想　跟　谁　聊，就　跟
Wǒ fēicháng xǐhuan shàngwǎng liáotiānr. Nǐ kěyǐ xiǎng gēn shéi liáo, jiù gēn

谁　聊；想　什么　时候　聊，就　什么　时候　聊；想　聊　什么，就
shéi liáo; xiǎng shénme shíhou liáo, jiù shénme shíhou liáo; xiǎng liáo shénme, jiù

聊　什么，特别　痛快。
liáo shénme, tèbié tòngkuai.

我　弟弟　最　爱　打　游戏。即使　第　二　天　有　考试，他　也
Wǒ dìdi zuì ài dǎ yóuxì. Jíshǐ dì èr tiān yǒu kǎoshì, tā yě

不　在乎。我　妈妈　经常　说　他，可是　他　一点儿　也　不　听。
bú zàihu. Wǒ māma jīngcháng shuō tā, kěshì tā yìdiǎnr yě bù tīng.

真　没　办法！不过，打　游戏　确实　很　有意思，我　能　理解　他。
Zhēn méi bànfǎ! Búguò, dǎ yóuxì quèshí hěn yǒuyìsi, wǒ néng lǐjiě tā.

11

単　語

互联网 hùliánwǎng 图　インターネット　　除了～以外… chúle ～ yǐwài …　　～を除いて…、～のほかに…
上网 shàngwǎng 動　インターネットにアクセスする　　网上 wǎngshàng　ネット上　　新闻 xīnwén 图　ニュース
觉得 juéde 動　思う　　有意思 yǒuyìsi 形　おもしろい　　网购 wǎnggòu 動　ネットショッピングをする
方便 fāngbiàn 形　便利である　　聊天儿 liáotiānr 動　世間話をする、雑談をする　　聊 liáo 動　雑談する
就 jiù 副　(仮定などを表わす前節を受けて)そうしたら、それなら　　特别 tèbié 副　ことのほか　　痛快 tòngkuai 形
気持ちがすっきりする　　爱 ài 動　好む　　游戏 yóuxì　ゲーム　　* 打游戏 dǎ yóuxì　ゲームをやる
即使～也… jíshǐ ～ yě …　たとえ～でも…　　在乎 zàihu 動　気にする　　说 shuō 動　説教する、叱る
一点儿也不～ yìdiǎnr yě bù ～　少しも～しない、まったく～しない　　真 zhēn 副　本当に　　办法 bànfǎ 图　方法
* 没办法 méi bànfǎ　しようがない　　确实 quèshí 副　確かに　　理解 lǐjiě 動　理解する

14

[1] **"除了 ～ 以外，…"**　「～を除いて…」「～のほかに…」── "以外" は省略できる。

除了　星期天　（以外），　他　每　天　都　上班。　　＊ 上班 shàngbān：出勤する
Chúle　xīngqītiān　(yǐwài),　tā　měi　tiān　dōu　shàngbān.

除了　我　（以外），　山田　也　会　开车。
Chúle　wǒ　(yǐwài),　Shāntián　yě　huì　kāichē.

[2] **疑問詞の呼応表現**　──　同じ疑問詞を2回使い、同じ人物や物事を指す。後節には、前節を受けて「それなら」の意味を表わす "就" を使うことが多い。

我　可以　想　跟　**谁**　聊，　就　跟　**谁**　聊。
Wǒ　kěyǐ　xiǎng　gēn　shéi　liáo,　jiù　gēn　shéi　liáo.

大家　想　聊　**什么**，　就　聊　**什么**。
Dàjiā　xiǎng　liáo　shénme,　jiù　liáo　shénme.

哪个　便宜，　就　买　**哪个**。
Něige　piányi,　jiù　mǎi　něige.

[3] **"即使 ～ 也 …"**　「たとえ～でも…」

即使　你　不　说，　大家　**也**　明白。
Jíshǐ　nǐ　bù　shuō,　dàjiā　yě　míngbai.

即使　我　有　时间，　**也**　不　想　逛　商店。
Jíshǐ　wǒ　yǒu　shíjiān,　yě　bù　xiǎng　guàng　shāngdiàn.

[4] **"一点儿也不 ／ 没 ～"**　「少しも～しない／しなかった」「まったく～しない／しなかった」

他　**一点儿**　**也**　**不**　在乎　这些　小事。
Tā　yìdiǎnr　yě　bú　zàihu　zhèxiē　xiǎoshì.

昨天　晚上　我　**一点儿**　**也**　**没**　睡。
Zuótiān　wǎnshang　wǒ　yìdiǎnr　yě　méi　shuì.

＊ "一点儿**都**不 / 没 ～" も同じ意味で使う。

我　**一点儿**　**都**　**不**　喜欢　唱　卡拉 OK。
Wǒ　yìdiǎnr　dōu　bù　xǐhuan　chàng　kǎlā'ōukèi.

1 次のピンインを漢字に直し、1) と 2) は本文を参考に、3) は自由に答えましょう。

1) 問： Gāodǎo jiā dōu xǐhuan shàngwǎng ma？

  _____

  答： _____

2) 問： Tā dìdi zuì ài zuò shénme？

  _____

  答： _____

3) 問： Nǐ xǐhuan shàngwǎng liáotiānr ma？

  _____

  答： _____

2 日本語を参考に、（　）に適切な語句を入れましょう。

1) 私はゲームはまったく好きではない。

  我 （　　　　　　　） 喜欢 打 游戏。
  Wǒ   xǐhuan dǎ yóuxì.

2) 先に家に帰った人がご飯を作る。（誰かが先に家に帰ったら、その誰かがご飯を作る。）

  （　　） 先 回 家，（　　　） 就 做 饭。
       xiān huí jiā,   jiù zuò fàn.

3) 今日の宿題は全然やっていない。

  今天 的 作业 我 （　　　　　　　） 没 做。
  Jīntiān de zuòyè wǒ   méi zuò.

4) 佐藤さん以外、ほかの人はみんな来た。

  （　　　） 佐藤 以外，别人 （　　） 来 了。
        Zuǒténg yǐwài, biérén   lái le.

3 次の日本語を参考に、語句を並べ替えましょう。

1) 彼はこのことを少しも知らない。

一点儿 ／ 这 ／ 知道 ／ 不 ／ 事 ／ 件 ／ 他 ／ 也

----

2) あなたの行きたいところに行こう。
   （あなたがどこかに行きたいなら、そのどこかに行こう。）

你 ／ 咱们 ／ 哪儿 ／ 哪儿 ／ 去 ／ 去 ／ 想 ／ 吧 ／ 就 ／ ，

----

3) たとえみんなが反対しても、僕は行く。   ＊反対する：反对 fǎnduì

去 ／ 反对 ／ 我 ／ 大家 ／ 即使 ／ 也 ／ 都 ／ ，

----

4) 私のほかはみんな留学生だ。

以外 ／ 留学生 ／ 除了 ／ 是 ／ 我 ／ 都 ／ ，

----

4 次の文を読み、下の設問に答えましょう。

　　我（¹　　　）个星期六下课后（¹　　　）跟朋友去唱卡拉OK。（²　　　）人唱流行歌儿，（²　　　）人唱外语歌儿。<u>大家爱唱什么，就唱什么，非常痛快！</u> 我光会唱日本歌儿，外国歌儿（³　　　　　）会。不过，最近我（⁴　　　）中国歌儿很（⁴　　　　　），我打算学一首汉语歌儿。

問1： （　）の1～4に入る組み合わせの語句を下から選び、書き入れましょう。

　　　　有的～有的　　　对～感兴趣　　　每～都　　　一点儿也不～

問2： 下線部を日本語に訳しましょう。

今天， 我 和 李 芳 出去 了。
Jīntiān, wǒ hé Lǐ Fāng chūqu le.

我 想 和 她 去 看 电影， 可是
Wǒ xiǎng hé tā qù kàn diànyǐng, kěshì

她 想 去 逛街， 我 就 陪 她 去
tā xiǎng qù guàngjiē, wǒ jiù péi tā qù

逛街 了。 她 对 日本 的 东西 很 感 兴趣， 拿着 手机， 见 什么
guàngjiē le. Tā duì Rìběn de dōngxi hěn gǎn xìngqù, názhe shǒujī, jiàn shénme

照 什么。
zhào shénme.

我 跟着 她 逛了 一 家 商店 又 一 家 商店。 我 已经 非常
Wǒ gēnzhe tā guàngle yì jiā shāngdiàn yòu yì jiā shāngdiàn. Wǒ yǐjīng fēicháng

累 了， 可是 她 一点儿 也 不 累。 最后， 我们 进了 一 家 皮包
lèi le, kěshì tā yìdiǎnr yě bú lèi. Zuìhòu, wǒmen jìnle yì jiā píbāo

店。 她 看上了 架子 上 摆着 的 一 个 新款 皮包。 我 帮 她
diàn. Tā kànshàngle jiàzi shàng bǎizhe de yí ge xīnkuǎn píbāo. Wǒ bāng tā

拿下来。 她 背着 照了照 镜子， 然后 对 店员 说："我 要 这个。"
náxialai. Tā bēizhe zhàolezhào jìngzi, ránhòu duì diànyuán shuō: "Wǒ yào zhèige."

我 看了看 价钱， 哇！ 五万 九千 日元！ 差不多 是 我 两 个 月
Wǒ kànlekàn jiàqian, wā! Wǔwàn jiǔqiān rìyuán! Chàbuduō shì wǒ liǎng ge yuè

的 零花钱 啊！
de línghuāqián a!

单 语 15

逛街 guàngjiē 動 街をぶらつく　和 hé 前 ～と　就 jiù 副 そういうことで　陪 péi 動 付き添う
拿 ná 動 手に持つ、手に取る　着 zhe 助 ～ている、～して／しながら(…する)　见 jiàn 動 見る、目に入る
照 zhào 動 ①(写真を)撮る ②(鏡に)映す　跟 gēn 動 後について行く　逛 guàng 動 (店などを)見物する
累 lèi 形 疲れる　皮包 píbāo 名 (革製の)カバン、バッグ　看上 kànshàng 動 気に入る　架子 jiàzi 名 棚
摆 bǎi 動 並べる　新款 xīnkuǎn 名 新しいデザイン　帮 bāng 動 (代わりに)～してあげる、助ける　背 bēi
動 肩にかける、背負う　镜子 jìngzi 名 鏡　然后 ránhòu 接 そのあと　价钱 jiàqian 名 値段　哇 wā 感
わあ　日元 rìyuán 名 円　差不多 chàbuduō 副 ほぼ　零花钱 línghuāqián 名 小遣い　啊 a 助 ～よ

1 **助詞 "着"** —— (1) 動詞のすぐ後に置き、持続を表わす。
　　　　　　　　　　 (2) 前の動詞のすぐ後に置き、後ろの動詞の手段や状態を表わす。
　　　　　　　　　　　「～して／しながら（…する）」

她　看上了　架子　上　摆**着**　的　一　个　皮包。
Tā　kànshàngle　jiàzi　shàng　bǎizhe　de　yí　ge　píbāo.

房间　的　门　关**着**，　窗户　开**着**。
Fángjiān　de　mén　guānzhe,　chuānghu　kāizhe.

我　跟**着**　她　逛了　很　多　商店。
Wǒ　gēnzhe　tā　guàngle　hěn　duō　shāngdiàn.

他　经常　走**着**　去　学校。
Tā　jīngcháng　zǒuzhe　qù　xuéxiào.

2 **複合方向補語** —— 単純方向補語 1 ＋ 単純方向補語 2（"来／去"）で複合方向補語を作り、
　　　　　　　　　　 動詞の後に置き、動作の方向を表わす。

単純方向補語1 / 単純方向補語2	上	下	进	出	回	过	起
来	上来	下来	进来	出来	回来	过来	起来
去	上去	下去	进去	出去	回去	过去	／

他　跑**过去**　了。　　　　　　　　　　　* –过去 –guoqu：渡っていく
Tā　pǎoguoqu　le.

◆ 場所目的語は "来／去" の前に置く。

他　跑**过**　桥　**去**　了。
Tā　pǎoguo　qiáo　qu　le.

◆ その他の目的語は "来／去" の前または後に置く。

他　从　背包　里　拿**出**　一　个　相机　**来**。
Tā　cóng　bēibāo　lǐ　náchū　yí　ge　xiàngjī　lai.

他　从　背包　里　拿**出来**　一　个　相机。
Tā　cóng　bēibāo　lǐ　náchulai　yí　ge　xiàngjī.

3 **動詞の重ね型の完了形**　　　動詞 ＋ **"了"** ＋ 動詞　　　「ちょっと～した」
　　　　　　　　　　　　　　　　　　　　　　　　　　　　　　　「～してみた」

大家　尝了尝　我　做　的　麻婆豆腐。
Dàjiā　chánglecháng　wǒ　zuò　de　mápódòufu.

　　* 2音節の動詞は「動詞 ＋ **"了"** ＋ **"一下"**」が多い。　　我们　休息了　一下。
　　　　　　　　　　　　　　　　　　　　　　　　　　　　　　　Wǒmen　xiūxile　yíxià.

1 次のピンインを漢字に直し、1）と 2）は本文を参考に、3）は自由に答えましょう。

1）問：　Gāodǎo　xiǎng　qù　guàngjiē　ma？

答：

2）問：　Tāmen　zuìhòu　jìnle　yì　jiā　shénme　shāngdiàn？

答：

3）問：　Nǐ　yí　ge　yuè　de　línghuāqián　shì　duōshao？

答：
----

2 日本語を参考に、（　）に適切な語句を入れましょう。

1）　山田さんはちょっと微笑んだが、黙っていた。

　　山田　笑（　　　）笑，没　说话。
　　Shāntián xiào 　　　xiao, méi shuōhuà.

2）　彼女は手に1本のミネラルウォータを持っている。

　　她　手　里　拿（　　）一　瓶　矿泉水。
　　Tā shǒu lǐ ná 　　　yì píng kuàngquánshuǐ.

3）　父は毎日歩いて会社に行く。

　　我　爸爸　每　天　都　走（　　　）去　公司。
　　Wǒ bàba měi tiān dōu zǒu 　　　qù gōngsī.

4）　高橋さんは大通りの向こうから走って渡ってきた。　　　＊大通り：马路 mǎlù

　　高桥　从　马路　的　对面　跑（　　　）了。
　　Gāoqiáo cóng mǎlù de duìmiàn pǎo 　　　le.

3 次の日本語を参考に、語句を並べ替えましょう。

1) 彼は今日ジーンズをはいている。　　　　　　　　　　　　* ジーンズ：牛仔裤 niúzǎikù

着 / 他 / 牛仔裤 / 条 / 一 / 今天 / 穿

----

2) 私はインターネットで明日の天気をちょっと調べた。　　　　* 調べる：查 chá

上网 / 的 / 天气 / 我 / 了 / 查 / 查 / 明天

----

3) 本屋で多くの人が立って雑誌を読んでいる。　　　　　　　* 立つ：站 zhàn

站 / 多 / 看 / 着 / 杂志 / 很 / 人

书店里,---

4) 子供たちは喜んで走って部屋を出ていった。　　　　　　　* 部屋：屋子 wūzi

跑 / 屋子 / 高兴 / 出 / 地 / 去 / 了 / 孩子们

----

4 次の文を読み、下の設問に答えましょう。

爸爸去上海出差*，今天回(¹　　　　)了。他买(²　　　　)了两盒*中国的点心。我拿(³　　　　)一个尝 [ᴬ　　　　] 尝，[ᴮ　　　　] 好吃。我 [ᶜ　　　　] 爸爸说："明天我有课外活动，我想给他们带(⁴　　　　)一点儿，可以吗？" 爸爸笑 [ᴰ　　　　] 说："可以。这一盒咱们在家里吃，那一盒你拿去吧。"

　　　　　　　　　　　　　　　　　　　* 出差 chūchāi：出張する
　　　　　　　　　　　　　　　　　　　* 盒 hé：箱に入っているものを数える量詞

問1： ( ) の1～4に入る方向補語を下から選び、書き入れましょう。

　　　去　　　　来　　　　回来　　　　出来

問2： [ ] のA～Dに入る語句を下から選び、書き入れましょう。

　　　対　　　　特別　　　　着　　　　了

問3： 下線部を日本語に訳しましょう。

🎧19

1 **名詞の前の "的"** —— 名詞の前に修飾語がくるときに使う。　　修飾語 ＋ **"的"** ＋ 名詞

修飾語には名詞、形容詞、動詞やフレーズなどがある。

那　是　<u>李　老师　的</u>　行李。　　　　　（それは<u>李先生の</u>荷物だ。）
Nà　shì　Lǐ　lǎoshī　de　xíngli.

她　穿着　一　件　漂亮　**的**　毛衣。　　（彼女は<u>きれいな</u>セーターを着ている。）
Tā　chuānzhe　yí　jiàn　piàoliang　de　máoyī.

<u>报名　**的**</u>　人　不　太　多。　　　　（<u>申し込む</u>人はあまり多くない。）
Bàomíng　de　rén　bú　tài　duō.

这　是　<u>我　昨天　从　图书馆　借来　**的**</u>　小说。
Zhè　shì　wǒ　zuótiān　cóng　túshūguǎn　jièlai　de　xiǎoshuō.

（これは<u>私が昨日図書館から借りてきた</u>小説だ。）

　　◆ 親族関係、友人関係、所属関係などの場合は "的" が省略されることが多い。

　　　我　父母（私の両親）　　　他　朋友（彼の友達）　　　你们　大学（あなた方の大学）
　　　wǒ　fùmǔ　　　　　　　　tā　péngyou　　　　　　　nǐmen　dàxué

2 **動詞・形容詞の前の "地"** —— 動詞や形容詞の前に修飾語がくるときに使う。

修飾語 ＋ **"地"** ＋ 動詞／形容詞

修飾語には形容詞や成語、フレーズなどがある。

我们　<u>顺利　**地**</u>　到　了　北京。　　（私たちは<u>順調に</u>北京に着いた。）
Wǒmen　shùnlì　de　dào　le　Běijīng.

他　<u>不慌不忙　**地**</u>　回答　了　问题。　（彼は<u>慌てず焦らずに</u>質問に答えた。）
Tā　bùhuāngbùmáng　de　huídá　le　wèntí.

大雨　<u>一直　不　停　**地**</u>　下着。　　（大雨が<u>ずっとやまずに</u>降っている。）
Dàyǔ　yìzhí　bù　tíng　de　xiàzhe.

天　<u>渐渐　**地**</u>　黑　了。　　　　　　（空が<u>だんだん</u>暗くなってきた。）
Tiān　jiànjiàn　de　hēi　le.

3 **動詞の後の "得"**

（1）様態補語を導き出す。　　動詞 ＋ **"得"** ＋ 様態補語　　　「～（をするの）がどのようだ」

那个　年轻人　跑**得**　很　快。　　　　（あの若者は<u>走るのが速い</u>。）
Nèige　niánqīngrén　pǎode　hěn　kuài.

我　弟弟　（打）　排球　打**得**　不　好。　（弟は<u>バレーボールをするのが下手だ</u>。）
Wǒ　dìdi　(dǎ)　páiqiú　dǎde　bù　hǎo.

　　＊ この用法は第 7 課 (p. 33) を参照。

（2） 方向補語や結果補語の可能表現の肯定形を作る。 動詞 ＋ "得" ＋ 補語

> 他 八 点 左右 回**得**来。 （彼は8時ごろ帰ってこられます。）
> Tā bā diǎn zuǒyòu huídelái.

> 你 听**得**懂 他 的 汉语 吗？ —— 听**得**懂。
> Nǐ tīngdedǒng tā de Hànyǔ ma? Tīngdedǒng.

> （あなたは彼の中国語を<u>聞いてわかり</u>ますか。 —— <u>聞いてわかり</u>ます。）

　　＊ この用法は第6課の可能補語1（p.29）を参照。

【練習問題】

　文中の（ ）に "的"・"地"・"得" のいずれかを書き入れ、さらに日本語に訳しなさい。

1) 孩子们 都 努力 （ 　　 ） 学习 英语。
　 Háizimen dōu nǔlì xuéxí Yīngyǔ.

　　訳 _____

2) 她 是 年轻人 特别 喜欢 （ 　　 ） 偶像。　　＊偶像 ǒuxiàng：アイドル
　 Tā shì niánqīngrén tèbié xǐhuan ǒuxiàng.

　　訳 _____

3) 你 踢 足球 踢(　　) 真 不错！　　＊踢 tī：蹴る
　 Nǐ tī zúqiú tī zhēn búcuò!

　　訳 _____

4) 妈妈 买了 一 个 很 大 （ 　　 ） 西瓜。　　＊西瓜 xīguā：スイカ
　 Māma mǎile yí ge hěn dà xīguā.

　　訳 _____

5) 他 的 病 很 快 （ 　 ） 好 了。
　 Tā de bìng hěn kuài hǎo le.

　　訳 _____

今年　 的　 黄金周，　我们　 全家
Jīnnián　de　huángjīnzhōu,　wǒmen　quánjiā

开车　 去　 伊豆　泡　 温泉　 了。　 因为
kāichē　qù　Yīdòu　pào wēnquán　le.　Yīnwèi

平时　 我　父母　 工作　都　 特别　 忙，
píngshí　wǒ　fùmǔ　gōngzuò　dōu　tèbié　máng,

所以　 我们　 已经　 好久　 没　全家　 一起　去　 旅行　 了。
suǒyǐ　wǒmen　yǐjīng　hǎojiǔ　méi　quánjiā　yìqǐ　qù　lǚxíng　le.

下午　 两　点　 多，　我们　 到了　订好　 的　 旅馆。 门　 前　 站着　四、五
Xiàwǔ　liǎng diǎn　duō,　wǒmen　dàole　dìnghǎo　de　lǚguǎn.　Mén qián zhànzhe sì、wǔ

个　 穿着　和服　 的　 服务员，　他们　 一边儿　热情　 地　 说：“欢迎　光临”，
ge chuānzhe héfú　de　fúwùyuán,　tāmen　yìbiānr　rèqíng　de　shuō：“Huānyíng guānglín”,

一边儿　 帮　我们　 拿　 行李。
yìbiānr　bāng　wǒmen　ná　xíngli.

我们　 的　 房间　在　二　楼。 房间　 里　有　一　张　 桌子，桌子　 上
Wǒmen　de　fángjiān zài　èr　lóu.　Fángjiān lǐ　yǒu　yì zhāng　zhuōzi,　zhuōzi shàng

放着　 一　盘　温泉　 小豆包。 我们　 休息了　一会儿，就　 去　 泡　温泉　 了。
fàngzhe yì　pán wēnquán xiǎodòubāo.　Wǒmen　xiūxile　yíhuìr,　jiù　qù pào wēnquán le.

回到　 房间　时，晚餐　 已经　 准备好　了。 桌子　 上　摆满了　菜。
Huídào fángjiān shí,　wǎncān yǐjīng zhǔnbèihǎo le.　Zhuōzi shàng bǎimǎnle cài.

我们　 边　吃　 边　聊，过了　一　个　 非常　 愉快　的　黄金周。
Wǒmen biān chī biān liáo,　guòle yí ge fēicháng yúkuài de huángjīnzhōu.

単 語

温泉 wēnquán 图　温泉　　黄金周 huángjīnzhōu 图　ゴールデンウィーク　　全家 quánjiā　家族全員
伊豆 Yīdòu 图　伊豆　　泡温泉 pào wēnquán　温泉に入る　　因为～所以… yīnwèi ～ suǒyǐ …　～なので…
平时 píngshí 图　普段　　好久 hǎojiǔ 形　長いこと　　订 dìng 動　予約する　　-好 -hǎo　ちゃんとできている(結果
補語)　　旅馆 lǚguǎn 图　旅館　　门 mén 图　入り口、門　　和服 héfú 图　和服　　服务员 fúwùyuán 图　従業員
一边儿～一边儿… yìbiānr ～ yìbiānr …　～しながら…する　　＊边～边… biān ～ biān …　ともいう
热情 rèqíng 形　親切である、心がこもっている　　欢迎光临 huānyíng guānglín　いらっしゃいませ　　行李 xíngli 图
荷物　　楼 lóu 图　階　　盘 pán 量　～皿　　豆包 dòubāo 图　あんまん　＊“小豆包”は饅頭を指す
准备 zhǔnbèi 動　用意する　　-满 -mǎn　いっぱいである(結果補語)　　过 guò 動　過ごす

🎧 23

1 "**因为 ～ 所以 …**"　「～なので、（だから）…」── "因为" の後に原因や理由がくる。"所以" の後に結果がくる。因果関係が明らかな場合は共に省略できる。

因为　那个　超市　很　便宜，**所以**　我　买了　很　多　东西。
Yīnwèi nèige chāoshì hěn piányi, suǒyǐ wǒ mǎile hěn duō dōngxi.

（**因为**）　我　太　累　了，（**所以**）　哪儿　也　不　想　去。
（Yīnwèi） wǒ tài lèi le, （suǒyǐ） nǎr yě bù xiǎng qù.

◆ 原因や理由を尋ねるときには、疑問詞 "**为什么**" または "**怎么**"「なぜ・どうして」を使う。主語の前か後に置く。答えには "**因为**"「なぜなら」を使うことが多い。

昨天　你　**为什么**／**怎么**　没　来？── **因为**　我　感冒　了。
Zuótiān nǐ wèishénme／zěnme méi lái? Yīnwèi wǒ gǎnmào le.

2 **結果補語** ── 動詞の後につけて、動作の結果を表わす。動詞や形容詞を使う。

動詞 + **結果補語**（動詞／形容詞）+ 目的語

她　学**会**　开车　了。
Tā xuéhuì kāichē le.

哥哥　没　找**到**　合适　的　工作。　　　　* 合适 héshì：ふさわしい
Gēge méi zhǎodào héshì de gōngzuò.

我　住**在**　离　大学　不　远　的　地方。　　* 地方 dìfang：場所、ところ
Wǒ zhùzài lí dàxué bù yuǎn de dìfang.

3 **存現文** ── 人やものの存在、出現や消失を表わす。　　場所 + 動詞 + 人／もの

* 「人／もの」は不特定なものに限る。

桌子　上　放着　一　盘　点心。　　　　（存在）
Zhuōzi shàng fàngzhe yì pán diǎnxin.

我们　家　来了　两　个　客人。　　　　（出現）
Wǒmen jiā láile liǎng ge kèren.

教室　里　少了　一　把　椅子。　　　　（消失）　　* 少 shǎo：なくなる
Jiàoshì lǐ shǎole yì bǎ yǐzi.

4 "**一边儿 ～ 一边儿 …**"　「～しながら…する」── "边～边…" ともいう。

你　不　能　**一边儿**　开车，**一边儿**　打　手机。
Nǐ bù néng yìbiānr kāichē, yìbiānr dǎ shǒujī.

我们　**边**　喝　咖啡，**边**　聊天儿。
Wǒmen biān hē kāfēi, biān liáotiānr.

1 次のピンインを漢字に直し、1) と 2) は本文を参考に、3) は自由に答えましょう。

1) 問： Wèishénme tāmen hǎojiǔ méi quánjiā yìqǐ qù lǚxíng le ?

　　答：

2) 問： Fángjiān lǐ de zhuōzi shàng fàngzhe shénme ?

　　答：

3) 問： Nǐ yìbān zěnme guò huángjīnzhōu ?

　　答：

2 日本語を参考に、( ) に適切な語句を入れましょう。

1) 彼は泳げるようになった。

　　他 学(　　　　) 游泳 了。
　　Tā xué　　　　yóuyǒng le.

2) 天気がよくないので、公園に人が多くない。

　　(　　　　) 天气 不 好, (　　　　) 公园 里 人 不 多。
　　　　　　tiānqì bù hǎo,　　　　　gōngyuán lǐ rén bù duō.

3) 父はいつも新聞を読みながら朝食を食べる。　　　　＊いつも：总是 zǒngshì

　　我 爸爸 总是 (　　　　) 看 报, (　　　　) 吃 早饭。
　　Wǒ bàba zǒngshì　　　　　kàn bào,　　　　　chī zǎofàn.

4) 教室のどの机にもみんなパソコンが置いてある。

　　教室 里 的 每 张 桌子 上 都 放(　　　　) 电脑。
　　Jiàoshì lǐ de měi zhāng zhuōzi shàng dōu fàng　　　　diànnǎo.

3 次の日本語を参考に、語句を並べ替えましょう。

* 写真：照片 zhàopiàn
* 貼る：贴 tiē

1) 部屋にたくさんのアイドルの写真が貼ってある。

着 / 的 / 里 / 照片 / 房间 / 多 / 贴 / 很 / 偶像

------

2) 私は辞書を引きながら英語の宿題をやっている。

一边儿 / 一边儿 / 做 / 我 / 词典 / 英语 / 查 / 作业 / ，

------

3) 彼は昨日アルバイトがあったので、帰りはとても遅かった。

所以 / 因为 / 很 / 打工 / 晚 / 去 / 回家 / 了 / ，

他昨天

------

4) 彼の声が小さくて、私ははっきり聞きとれなかった。

小 / 清楚 / 我 / 他 / 声音 / 没 / 的 / 听 / 很 / ，

------

4 次の文を読み、下の設問に答えましょう。

今年，我们班*来了一个中国留学生。(¹　　　)她来的那天，坐(²　　　)了我的旁边儿，所以我们成*了好朋友。上个星期天，我去她家玩儿了。她有很多中国歌儿的CD。我们一边儿听CD，(³　　　)喝茶、聊天儿。我还学(⁴　　　)了一首中国歌儿。我们约*(⁵　　　)下次一起去唱歌儿。

* 班 bān：クラス
* 成 chéng：～になる
* 约 yuē：約束する

問1： 下線部を日本語に訳しましょう。

問2： ( )の1～5に入る語句を下から選び、書き入れましょう。

会　　好　　在　　一边儿　　因为

我　有　很　多　爱好。　比如　踢
Wǒ　yǒu　hěn　duō　àihào.　Bǐrú　tī

足球、　旅游，　还　有　听　音乐、　看　书
zúqiú、　lǚyóu,　hái　yǒu　tīng　yīnyuè、　kàn　shū

什么的。　不过，　我　最　喜欢　的　还是
shénmede.　Búguò,　wǒ　zuì　xǐhuan　de　háishi

看　电影，　特别　是　外国　电影。　以前，　只要　我　有　时间，　就　去
kàn diànyǐng,　tèbié　shì　wàiguó diànyǐng.　Yǐqián,　zhǐyào　wǒ　yǒu　shíjiān,　jiù　qù

电影院　看　电影。　现在　一般　在　家　看　视频。
diànyǐngyuàn　kàn　diànyǐng.　Xiànzài　yìbān　zài　jiā　kàn　shìpín.

网上　有　很　多　电影　的　视频。　一　到　周末，　我　就　在　家
Wǎngshàng　yǒu　hěn　duō　diànyǐng　de　shìpín.　Yí　dào　zhōumò,　wǒ　jiù　zài　jiā

看　视频。　自从　学　汉语　以后，　我　对　中国　电影　越来越　感　兴趣
kàn　shìpín.　Zìcóng　xué　Hànyǔ　yǐhòu,　wǒ　duì　Zhōngguó diànyǐng　yuèláiyuè　gǎn　xìngqù

了。　最近　我　去　电影院　看了　一　个　刚　上映　的　中国　电影。
le.　Zuìjìn　wǒ　qù　diànyǐngyuàn　kànle　yí　ge　gāng　shàngyìng　de　Zhōngguó　diànyǐng.

因为　有　日语　字幕，　内容　都　看得懂，　但　大部分　听不懂。　一　有
Yīnwèi　yǒu　Rìyǔ　zìmù,　nèiróng　dōu　kàndedǒng,　dàn　dàbùfen　tīngbudǒng.　Yì　yǒu

听懂了　的　地方，　我　就　非常　高兴。
tīngdǒngle　de　dìfang,　wǒ　jiù　fēicháng　gāoxìng.

我　觉得　看　电影　真　是　一　个　学习　外语　的　好　方法。　大家
Wǒ　juéde　kàn　diànyǐng　zhēn　shì　yí　ge　xuéxí　wàiyǔ　de　hǎo　fāngfǎ.　Dàjiā

也　试试　吧。
yě　shìshi　ba.

24

单 语

爱好 àihào 图 趣味　　比如 bǐrú 接 たとえば　　踢 tī 動 蹴る　　还 hái 副 また　　什么的 shénmede 助
～など、～とか　　还是 háishi 副 やはり　　特别是 tèbié shì 特に　　只要～就… zhǐyào～jiù… ～さえすれば…
视频 shìpín 图 動画　　一～就… yī～jiù… ～すると(すぐに)…　　自从 zìcóng 前 ～から　　以后 yǐhòu 图
以後　　越来越 yuèláiyuè ますます　　最近 zuìjìn 图 最近　　刚 gāng 副 ～したばかりである　　上映 shàngyìng
動 封切る、上映する　　字幕 zìmù 图 字幕　　内容 nèiróng 图 内容　　但 dàn 接 しかし　　大部分 dàbùfen
图 大部分　　地方 dìfang 图 場所、ところ　　试 shì 動 試す

🎧 27

1 "什么的" —— 列挙された事柄の後につける。 「～など」「～とか」

桌子　上　放着　电脑、词典　**什么的**。
Zhuōzi shàng fàngzhe diànnǎo、cídiǎn shénmede.

饺子、炒饭、面条　**什么的**，我　都　爱　吃。
Jiǎozi、chǎofàn、miàntiáo shénmede, wǒ dōu ài chī.

2 "只要 ～ 就 …" 「～さえすれば…」

只要　我　有　时间，**就**　去　电影院　看　电影。
Zhǐyào wǒ yǒu shíjiān, jiù qù diànyǐngyuàn kàn diànyǐng.

只要　不　下　雨，我　**就**　跟　你们　一起　去　爬山。
Zhǐyào bú xià yǔ, wǒ jiù gēn nǐmen yìqǐ qù páshān.

＊ 下雨 xià yǔ：雨が降る

3 "一 ～ 就 …" 「～すると（すぐに）…」

我　一　到　周末，**就**　去　踢　足球。
Wǒ yí dào zhōumò, jiù qù tī zúqiú.

他　一　下课，**就**　去　图书馆　做　作业。
Tā yí xiàkè, jiù qù túshūguǎn zuò zuòyè.

4 可能補語（1）—— 補語の可能表現。　　動詞 ＋ "得／不" ＋ 結果補語・方向補語

你　看得懂　中文　小说　吗？ —— 我　看得懂。／ 我　看不懂。
Nǐ kàndedǒng Zhōngwén xiǎoshuō ma? Wǒ kàndedǒng. Wǒ kànbudǒng.

在　中国　买不到　日本　化妆品　吧？ —— 买得到。／ 买不到。
Zài Zhōngguó mǎibudào Rìběn huàzhuāngpǐn ba? Mǎidedào. Mǎibudào.

早上　你　起得来　起不来？ —— 我　起得来。／ 我　起不来。
Zǎoshang nǐ qǐdelái qǐbulái? Wǒ qǐdelái. Wǒ qǐbulái.

◆ よく使われる可能補語

看得见 —— 看不见　　　记得住 —— 记不住
kàndejiàn　　kànbujiàn　　　jìdezhù　　　jìbuzhù
（見える）　（見えない）　　（覚えられる）　（覚えられない）

来得及 —— 来不及　　　找得到 —— 找不到
láidejí　　láibují　　　zhǎodedào　　zhǎobudào
（間に合う）　（間に合わない）　（見つかる）　（見つからない）

1 次のピンインを漢字に直し、1) と 2) は本文を参考に、3) は自由に答えましょう。

1) 問： Gāodǎo duì shénme yuèláiyuè gǎn xìngqù le ?

答： --

2) 問： Tā tīngdedǒng Zhōngguó diànyǐng lǐ de Hànyǔ ma ?

答： --

3) 問： Nǐ de àihào shì shénme ?

答： --

2 日本語を参考に、（　）に適切な語句を入れましょう。

1) 努力さえすれば、必ずマスターできる。

（　　　　）你 努力，（　　　　）一定 学得会。
　　　　　　nǐ nǔlì,　　　　　　yídìng xuédehuì.

2) 彼は家に着くと、すぐにテレビをつける。　　　　　　* つける（電源を入れる）：打开 dǎkāi

他 （　　　）到 家，（　　　）打开 电视。
Tā　　　　 dào jiā,　　　　 dǎkāi diànshì.

3) あなたは今日この本を読み終えることができますか。

你 今天 看(　　　)完 这 本 书 吗？
Nǐ jīntiān kàn　　 wán zhè běn shū ma?

4) 紅茶やジャスミン茶など、私はみんな好きだ。

红茶、 花茶 （　　　　　），我 都 爱 喝。
Hóngchá、 huāchá　　　　　　 wǒ dōu ài hē.

3 次の日本語を参考に、語句を並べ替えましょう。

1) 彼女はお金さえあれば、旅行に行く。

钱 / 旅行 / 有 / 去 / 就 / 她 / 只要 / ，

----

2) 私は授業が終わるとすぐに家へ帰るつもりだ。

家 / 打算 / 就 / 下课 / 回 / 一 / 我

----

3) 私は先生の話す中国語を聞いてもわからない。

汉语 / 懂 / 说 / 老师 / 听 / 我 / 不 / 的

----

4) 妹はすごく勉学に励んでいるので、成績はますますよくなっている。

好 / 越来越 / 所以 / 妹妹 / 用功 / 因为 / 特别 / 成绩 / 我 / ，

----

4 次の文を読み、下の設問に答えましょう。

　　我有很多爱好，(¹　　　)弹钢琴*、唱歌儿、听音乐(²　　　)，我都喜欢。不过，我最喜欢的(³　　　)看漫画。每个月，我父母一给我零花钱，我(⁴　　　)去书店。在书店里，我只要看到新出版*的漫画，就买回来看。

* 弹钢琴 tán gāngqín：ピアノを弾く
* 出版 chūbǎn：出版する

問1：（　）の1～4に入る語句を下から選び、書き入れましょう。

　　　还是　　　就　　　什么的　　　比如

問2：下線部を日本語に訳しましょう。

去年 夏天， 我 去 中国 的 西安
Qùnián xiàtiān, wǒ qù Zhōngguó de Xī'ān

旅游 了。 我 是 坐 普通 列车 去
lǚyóu le. Wǒ shì zuò pǔtōng lièchē qù

的。 车 开 了， 我 周围 的 人
de. Chē kāi le, wǒ zhōuwéi de rén

开始 互相 问候， 一起 聊天儿， 好像 老朋友 一样。 我 也 想 跟
kāishǐ hùxiāng wènhòu, yìqǐ liáotiānr, hǎoxiàng lǎopéngyou yíyàng. Wǒ yě xiǎng gēn

他们 聊聊， 可是 不 知道 怎么 说 才 好。
tāmen liáoliao, kěshì bù zhīdào zěnme shuō cái hǎo.

这 时， 对面 的 人 问 我："你 在 哪儿 下车？" 我 回答 说：
Zhè shí, duìmiàn de rén wèn wǒ："Nǐ zài nǎr xiàchē？" Wǒ huídá shuō：

"西安。 你 呢？""我 也 是。""你 也 去 旅游？""不， 我 回
"Xī'ān. Nǐ ne？""Wǒ yě shì.""Nǐ yě qù lǚyóu？""Bù, wǒ huí

老家。" 原来， 他 是 西安人， 现在 在 北京 上 大学。
lǎojiā." Yuánlái, tā shì Xī'ānrén, xiànzài zài Běijīng shàng dàxué.

一路上， 我们 聊得 非常 开心， 还 互相 加了 微信。 后来， 我们
Yílùshang, wǒmen liáode fēicháng kāixīn, hái hùxiāng jiāle Wēixìn. Hòulái, wǒmen

成了 很 要好 的 朋友。
chéngle hěn yàohǎo de péngyou.

你 有 外国 朋友 吗？ 你们 是 怎么 认识 的？
Nǐ yǒu wàiguó péngyou ma？ Nǐmen shì zěnme rènshi de？

28

単語

交朋友 jiāo péngyou 友達になる　普通列车 pǔtōng lièchē 图 普通列車　开 kāi 動 (車などが)出発する
周围 zhōuwéi 图 周り　互相 hùxiāng 副 互いに　问候 wènhòu 動 挨拶する　好像～一样 hǎoxiàng ～ yíyàng
まるで～のようだ　老朋友 lǎopéngyou 图 古い友人　不知道～才好 bù zhīdào ～ cái hǎo ～したらいいのかわか
らない　这时 zhè shí このとき　对面 duìmiàn 图 正面、向かい側　回答 huídá 動 答える　老家 lǎojiā 图
故郷　原来 yuánlái 副 なんと～だった　上 shàng 動 (学校に)通う　一路上 yílùshang 图 道中　得 de 助
動詞の後の補語を導く　开心 kāixīn 形 楽しい　加 jiā 動 加える　微信 Wēixìn 图 WeChat
后来 hòulái 图 その後、それから　成 chéng 動 ～になる　要好 yàohǎo 形 仲がよい

1 **"是 ～ 的"** —— すでに起こったできごとについて、その時間・場所・行為の対象・方法や手段に焦点を当てて説明する場合に使われる。"是" は省略できる。

张　老师　（是）　去年　来　日本　的。
Zhāng　lǎoshī　(shì)　qùnián　lái　Rìběn　de.

你　（是）　从　哪儿　听说　这　件　事　的？
Nǐ　(shì)　cóng　nǎr　tīngshuō　zhè　jiàn　shì　de？

* 听说 tīngshuō：～と聞いている

* 目的語は "的" の後に置いてもよい。　你(是)从哪儿听说的这件事？
* 否定文では "是" の省略はできない。　他不是坐地铁来的。

2 **"好像 ～ 一样"**　「まるで～のようだ」

今天　**好像**　春天　**一样**。
Jīntiān　hǎoxiàng　chūntiān　yíyàng.

这　**好像**　做梦　**一样**。
Zhè　hǎoxiàng　zuòmèng　yíyàng.

* 做梦 zuòmèng：夢を見る

3 **"不知道 ～ 才好"**　「～したらいいのかわからない」——"不知道" と "才好" の間には疑問詞フレーズが入る。

大家　**不　知道**　怎么　办　**才　好**。
Dàjiā　bù　zhīdào　zěnme　bàn　cái　hǎo.

* 怎么办 zěnme bàn：どうしよう

我　真　**不　知道**　什么　时候　去　**才　好**。
Wǒ　zhēn　bù　zhīdào　shénme　shíhou　qù　cái　hǎo.

4 **様態補語** —— 動作の様態を表わす。肯定文ではふつう形容詞の前に程度を表わす副詞を置く。

> 動詞 ＋ **"得"** ＋ 形容詞

我们　聊**得**　非常　开心。
Wǒmen　liáode　fēicháng　kāixīn.

◆ 目的語がある場合は、動詞をもう一度繰り返す。前の動詞は省略できる。

> （動詞）＋ 目的語 ＋ 動詞 ＋ **"得"** ＋ 形容詞

小田　同学　（说）　汉语　说**得**　很　流利。
Xiǎotián　tóngxué　(shuō)　Hànyǔ　shuōde　hěn　liúlì.

* 流利 liúlì：流暢である

* 否定文 —— 她　（写）　汉字　写**得**　不　好看。
Tā　(xiě)　Hànzì　xiěde　bù　hǎokàn.

1 次のピンインを漢字に直し、1) と 2) は本文を参考に、3) は自由に答えましょう。

1) 問： Gāodǎo shì zěnme qù Xī'ān de?

　　答：

2) 問： Tāmen yílùshang liáode zěnmeyàng?

　　答：

3) 問： Nǐ shì cóng shénme shíhou kāishǐ xué Hànyǔ de?

　　答：

2 日本語を参考に、（　）に適切な語句を入れましょう。

1) 張さんはいつ日本に来たの？

　　小　张　是　什么　时候　来　日本　（　　　）？
　　Xiǎo Zhāng shì shénme shíhou lái Rìběn

2) ここの風景はまるで絵のようだ。　　　　　　　　　　＊風景：风景 fēngjǐng

　　这儿　的　风景　（　　　）画儿　（　　　　　）。
　　Zhèr de fēngjǐng huàr

3) このことは誰に聞けばいいのかわからない。

　　这　件　事　（　　　　）问　谁　（　　　　　）。
　　Zhè jiàn shì wèn shéi

4) 佐藤さんはピアノ（を弾くの）がわりと上手だ。　　　＊わりと：比较 bǐjiào

　　佐藤　弹　钢琴　（　　　　）比较　好。
　　Zuǒténg tán gāngqín bǐjiào hǎo.

③ 次の日本語を参考に、語を並べ替えましょう。

1) 私は地下鉄で来たのだ。

地铁 ／ 来 ／ 我 ／ 的 ／ 坐 ／ 是

----

2) 王先生は歌を歌うのがことのほか上手だ。

好 ／ 王老师 ／ 歌儿 ／ 得 ／ 唱 ／ 特别

----

3) 私と彼女はまるで実の姉妹のようだ。　　　　* 実の姉妹：亲姐妹 qīn jiěmèi

和 ／ 亲姐妹 ／ 一样 ／ 好像 ／ 她 ／ 我

----

4) 私たちは彼にどう感謝したらいいのかわからない。

感谢 ／ 知道 ／ 怎么 ／ 不 ／ 好 ／ 才 ／ 他 ／ 我们

----

④ 次の文を読み、下の設問に答えましょう。

　　美惠(Měihuì)在中国留学的时候认识(^{1}　　　)一个叫汉娜(Hànnà)的德国*朋友。汉娜是从两年前开始在中国学汉语(^{2}　　　)，她汉语说(^{3}　　　)比美惠流利。<u>美惠不知道用汉语怎么说才好的时候，常去问汉娜。</u>汉娜汉字写得(^{4}　　　)美惠(^{5}　　　)好，美惠常常教汉娜写汉字。大家都说她们好像亲姐妹(^{6}　　　)。

* 德国 Déguó：ドイツ

問1：（ ）の1〜6に入る語句を下から選び、書き入れましょう。

　　　　的　　　得　　　了　　　那么　　　一样　　　没有

問2：下線部を日本語に直しましょう。

第 8 课　聚餐
Jùcān

前天，　我　跟　几　个　朋友　去
Qiántiān,　wǒ　gēn　jǐ　ge　péngyou　qù

一　家　四川　菜馆儿　聚餐　了。听说
yì　jiā　Sìchuān　càiguǎnr　jùcān　le.　Tīngshuō

那　家　菜馆儿　的　厨师　是　一　个
nà　jiā　càiguǎnr　de　chúshī　shì　yí　ge

地道　的　四川人。他　做　的　菜　是　地道　的　四川菜。无论　什么
dìdao　de　Sìchuānrén.　Tā　zuò　de　cài　shì　dìdao　de　Sìchuāncài.　Wúlùn　shénme

菜　都　放　辣椒　和　花椒，又　辣　又　麻。每　天　客人　都　很　多。
cài　dōu　fàng　làjiāo　hé　huājiāo,　yòu　là　yòu　má.　Měi　tiān　kèren　dōu　hěn　duō.

因为　那里　的　菜　一点儿　也　不　贵，所以　我们　点菜　的　时候，
Yīnwèi　nàli　de　cài　yìdiǎnr　yě　bú　guì,　suǒyǐ　wǒmen　diǎncài　de　shíhou,

想　吃　什么　就　点　什么，谁　也　不　客气。连　服务员　都　对
xiǎng　chī　shénme　jiù　diǎn　shénme,　shéi　yě　bú　kèqi.　Lián　fúwùyuán　dōu　duì

我们　说："你们　点得　太　多　了，吃不了　吧？"一　个　朋友　笑着
wǒmen　shuō:　"Nǐmen　diǎnde　tài　duō　le,　chībuliǎo　ba?"　Yí　ge　péngyou　xiàozhe

回答："没　问题！我们　饭量　大，吃得了！"另　一　个　朋友　接着
huídá:　"Méi　wèntí!　Wǒmen　fànliàng　dà,　chīdeliǎo!"　Lìng　yí　ge　péngyou　jiēzhe

说："放心　吧，要是　我们　吃不了，就　打包　带回去。"
shuō:　"Fàngxīn　ba,　yàoshi　wǒmen　chībuliǎo,　jiù　dǎbāo　dàihuiqu."

你　爱　吃　辣　的　吗？
Nǐ　ài　chī　là　de　ma?

単語

聚餐 jùcān 動　会食する　　四川 Sìchuān 名　四川　　菜馆儿 càiguǎnr 名　料理店　　厨师 chúshī 名　コック、料理人　　地道 dìdao 形　生粋の、本場の　　无论～都… wúlùn～dōu…　～であろうと…　　放 fàng 動　入れる　　辣椒 làjiāo 名　唐辛子　　花椒 huājiāo 名　サンショウ　　辣 là 形　辛い　　麻 má 形　(舌が)ぴりぴりする、しびれる　　点(菜) diǎn(cài) 動　(料理を)注文する　　客气 kèqi 動　気をつかう、遠慮する　　-不了 -buliǎo　～できない／～しきれない(可能補語の否定形)　　饭量 fànliàng 名　1回の食事の量　　-得了 -deliǎo　～できる／～しきれる(可能補語の肯定形)　　另 lìng 代　別の　　接着 jiēzhe 副　続けて　　放心 fàngxīn 動　安心する　　要是～就… yàoshi～jiù…　もし～ならば…　　打包 dǎbāo 動　(残った料理を持ち帰るために)包む

1. **疑問詞の不定用法** ── 疑問詞を用い、「どこか」「何冊か」「何人か」などの意味を表わす用法。文末は「？」ではなく、「。」になる。

咱们 去 **哪儿** 旅游 吧。
Zánmen qù nǎr lǚyóu ba.

我 哥哥 买了 **几 本** 漫画。
Wǒ gēge mǎile jǐ běn mànhuà.

我 跟 **几 个** 朋友 去 广东 菜馆儿 聚餐。
Wǒ gēn jǐ ge péngyou qù Guǎngdōng càiguǎnr jùcān.

2. **"无论 ～ 都 …"** 「～であろうと …」「～を問わず …」── "无论" の後に疑問詞フレーズを使うことが多い。

无论 什么 水果，我 **都** 爱 吃。
Wúlùn shénme shuǐguǒ, wǒ dōu ài chī.

* 水果 shuǐguǒ：くだもの

这 件 事 **无论** 对 谁 **都** 不 能 说。
Zhè jiàn shì wúlùn duì shéi dōu bù néng shuō.

* "无论 ～ 也 …" も同じ意味で使う。

无论 我 怎么 说，她 **也** 不 同意。
Wúlùn wǒ zěnme shuō, tā yě bù tóngyì.

3. **可能補語 (2)** ── 補語の可能表現

動詞 ＋ **"得了／不了"** 「～しきれる／～しきれない」
「～できる／～できない」

你 喝**得了** 两 瓶 可乐 吗？── 我 喝**得了**。／ 我 喝**不了**。
Nǐ hēdeliǎo liǎng píng kělè ma? Wǒ hēdeliǎo. Wǒ hēbuliǎo.

我 忘**不了** 这 一 年 的 留学 生活。
Wǒ wàngbuliǎo zhè yì nián de liúxué shēnghuó.

明天 你 来**得了** 来**不了**？── 我 来**得了**。／ 我 来**不了**。
Míngtiān nǐ láideliǎo láibuliǎo? Wǒ láideliǎo. Wǒ láibuliǎo.

4. **"要是 ～（的话），就 …"** 「もし～ならば…」

我们 **要是** 吃不了（的话），**就** 打包 带回去。
Wǒmen yàoshi chībuliǎo (dehuà), jiù dǎbāo dàihuiqu.

要是 太 贵 （的话），**就** 不 买 了。
Yàoshi tài guì (dehuà), jiù bù mǎi le.

* "如果 ～（的话），就 …" も同じ意味で使う。 如果 便宜 （的话），就 买。
Rúguǒ piányi (dehuà), jiù mǎi.

1 次のピンインを漢字に直し、1) と 2) は本文を参考に、3) は自由に答えましょう。

1) 問： Qiántiān, Gāodǎo gēn shéi qù nǎr jùcān le ?

   答：

2) 問： Fúwùyuán duì tāmen shuō shénme le ?

   答：

3) 問： Nǐ cháng hé péngyou jùcān ma ?

   答：

2 日本語を参考に、（　）に適切な語句を入れましょう。

1) 彼はまだ子供なのに、1人で行けますか。

   他 还 是 个 孩子, 一 个 人 去(　　　　　) 吗 ?
   Tā hái shì ge háizi, yí ge rén qù 　　　　　　ma ?

2) 私たちはいつか富士山に登りに行こう。

   咱们 （　　　　　） 去 爬 富士山 吧。
   Zánmen 　　　　　　qù pá Fùshìshān ba.

3) もし何か用事があったら、私に連絡してください。　　　　　　　　　　＊連絡する：联系 liánxì

   （　　　　） 有 什么 事, （　　　　） 跟 我 联系。
   　　　　yǒu shénme shì, 　　　　gēn wǒ liánxì.

4) 誰が何を言っても彼は聞かない。

   （　　　　） 谁 说 什么, 他 （　　　　） 不 听。
   　　　　shéi shuō shénme tā 　　　　　bù tīng.

3 次の日本語を参考に、語句を並べ替えましょう。

1) 私は今回のサッカーの試合には参加できない。　　　　＊ 試合：比赛 bǐsài

不了 / 次 / 参加 / 这 / 我 / 比赛 / 足球

----

2) 私はいつか中国へ旅行に行きたいと思う。

中国 / 时候 / 旅行 / 想 / 什么 / 去 / 我

----

3) もし遠くなければ、歩いて行こう。

去 / 走 / 要是 / 就 / 远 / 的话 / 吧 / 着 / 不 / ，

----

4) 山田さんはどこに行くときも、カメラを持っている。

哪儿 / 相机 / 去 / 都 / 无论 / 着 / 带 / 山田 / ，

----

4 次の文を読み、下の設問に答えましょう。

　　我们网球队，(¹　　)考试期间(¹　　)，(²　　)个周末(²　　)去打网球。天气好的时候，我们一般在外边儿的网球场＊练习＊。(³　　)天气不好的话，(³　　)在室内的网球场练习。(どんな天気であろうと、私たちはいつも練習に行きます。)(⁴　　)我们非常努力地练习，(⁴　　)我们在今年的大学生网球比赛中得了冠军＊。

＊ 网球场 wǎngqiúchǎng：テニスコート
＊ 练习 liànxí：練習する
＊ 冠军 guànjūn：優勝

問1：（　）の1～4に入る組み合わせの語句を下から選び、書き入れましょう。

　　要是 ～ 就　　除了 ～ 以外　　因为 ～ 所以　　每 ～ 都

問2：下線部の日本語を中国語に訳しましょう。

文法のまとめ 2　動詞の後の "了"・"过"・"着"

1　動詞の後の "了" —— 動作の完了を表わす。　「〜した」

他　买了　一　本　中文　的　小说。　（彼は中国語の小説を1冊買った。）
Tā　mǎile　yì　běn　Zhōngwén de　xiǎoshuō.

周末　我们　吃了　刘　老师　包　的　饺子。
Zhōumò wǒmen　chīle　Liú　lǎoshī　bāo　de　jiǎozi.

（週末に私たちは劉先生の作ったギョーザを食べました。）

＊　動詞の後ろが単純な目的語の場合、"了" は文末に置くことが多い。　他　买　书　了。
Tā　mǎi　shū　le.

▶ 否定文は、動詞の前に "没(有)" を置き、動詞の後の "了" を取る。

我　没(有)　买　杂志。　（私は雑誌を買わなかった。）
Wǒ　méi(you)　mǎi　zázhì.

他　没(有)　来　学校　上课。　（彼は学校へ授業を受けに来なかった。）
Tā　méi(you)　lái　xuéxiào　shàngkè.

2　動詞の後の "过" —— 過去に経験したことを表わす。　「〜したことがある」

我　看过　中国　动画片。　（私は中国のアニメを見たことがある。）
Wǒ　kànguo Zhōngguó dònghuàpiàn.

他　在　日本　泡过　温泉。　（彼は日本で温泉に入ったことがある。）
Tā　zài　Rìběn　pàoguo wēnquán.

▶ 否定文は動詞の前に "没(有)" を置き、動詞の後の "过" を残す。

我　没(有)　去过　外国。　（私は外国に行ったことがない。）
Wǒ　méi(you)　qùguo　wàiguó.

3　動詞の後の "着"

（1）　動詞のすぐ後に置き、持続を表わす。　「〜ている／てある」

小　王　戴着　眼镜。　（王さんは眼鏡をかけている。）
Xiǎo Wáng　dàizhe　yǎnjìng.

桌子　上　放着　今天　的　报纸。　（机の上に今日の新聞が置いてある。）
Zhuōzi shàng fàngzhe jīntiān　de　bàozhǐ.

（2）　前の動詞のすぐ後に置き、後ろの動詞の手段や状態を表わす。

動詞1 ＋ "着" ＋ 動詞2　　「〜して／しながら…する」

爸爸　总是　躺着　看　电视。　（父はいつも横になってテレビを見る。）
Bàba　zǒngshì　tǎngzhe　kàn　diànshì.

【練習問題】

日本語を参考に、（　）に入る言葉を書き入れ、文を完成しなさい。

1）　私はまだ京劇を見たことがない。

　　　我　还　（　　　　　　　　　）　京剧。
　　　Wǒ　hái　　　　　　　　　　　jīngjù.

2）　兄は電子辞書を1つくれた。

　　　哥哥　（　　　　　）　我　一　个　电子　词典。
　　　Gēge　　　　　　　　wǒ　yí　ge　diànzǐ　cídiǎn.

3）　駅前にたくさんの自転車が置いてある。

　　　车站　前边儿　（　　　　　）　很　多　自行车。
　　　Chēzhàn　qiánbianr　　　　　　hěn　duō　zìxíngchē.

4）　今日、私は朝ごはんを食べなかった。

　　　今天　我　（　　　　　　　　）　早饭。
　　　Jīntiān　wǒ　　　　　　　　　　zǎofàn.

5）　彼はマイクを持って、1曲の歌を歌った。　　　＊ マイク：麦克风 màikèfēng

　　　他　拿（　　　　　）　麦克风　唱了　一　首　歌儿。
　　　Tā　ná　　　　　　　màikèfēng　chàngle　yì　shǒu　gēr.

6）　高島さんは中国の普通列車に乗ったことがある。

　　　高岛　（　　　　　　）　中国　的　普通　列车。
　　　Gāodǎo　　　　　　　　Zhōngguó　de　pǔtōng　lièchē.

7）　昨日彼女は和服を着てきたのです。

　　　昨天　她　是　（　　　　　）　和服　来　的。
　　　Zuótiān　tā　shì　　　　　　　héfú　lái　de.

8）　彼らは非常に仲のよい友達になった。

　　　他们　（　　　　　）　非常　好　的　朋友。
　　　Tāmen　　　　　　　　fēicháng　hǎo　de　péngyou.

我 有 三 个 闹钟。 一 个 是
Wǒ yǒu sān ge nàozhōng. Yí ge shì

哆啦A梦 的 闹钟。 那 是 我 刚
Duōlā'ēimèng de nàozhōng. Nà shì wǒ gāng

上 小学 的 时候 我 姥姥 送给 我
shàng xiǎoxué de shíhou wǒ lǎolao sònggěi wǒ

的。 每 天 早上 我 都 被 哆啦A梦 叫醒。
de. Měi tiān zǎoshang wǒ dōu bèi Duōlā'ēimèng jiàoxǐng.

上 大学 以后, 我 每 天 都 特别 忙。 下课 后, 不是 去 踢
Shàng dàxué yǐhòu, wǒ měi tiān dōu tèbié máng. Xiàkè hòu, búshì qù tī

足球, 就是 去 打工。 回 家 后 还 要 做 作业, 经常 一 两 点
zúqiú, jiùshì qù dǎgōng. Huí jiā hòu hái yào zuò zuòyè, jīngcháng yì liǎng diǎn

才 睡。 我 怕 第 二 天 起不来, 又 买了 一 个 声音 更 大 的
cái shuì. Wǒ pà dì èr tiān qǐbulái, yòu mǎile yí ge shēngyīn gèng dà de

闹钟。 可是 后来 我 慢慢 地 习惯 了, 还是 起不来。
nàozhōng. Kěshì hòulái wǒ mànmàn de xíguàn le, háishi qǐbulái.

现在 我 用 的 闹钟 就 是 手机。 早上 一 到 点, 它 就
Xiànzài wǒ yòng de nàozhōng jiù shì shǒujī. Zǎoshang yí dào diǎn, tā jiù

叫起来:"起床 啦! 快 起床!" 那 是 李 芳 用 汉语 帮 我 录
jiàoqilai: "Qǐchuáng la! Kuài qǐchuáng!" Nà shì Lǐ Fāng yòng Hànyǔ bāng wǒ lù

的。 自从 有了 这个 闹钟, 我 就 再 也 没 迟到过。
de. Zìcóng yǒule zhèige nàozhōng, wǒ jiù zài yě méi chídàoguo.

37

单语

闹钟 nàozhōng 图 目覚まし時計　**哆啦A梦** Duōlā'ēimèng 图 ドラえもん　**送** sòng 動 贈る　**-给** -gěi 後
の人は受け取り手を表わす(結果補語)　**被** bèi 前 …に(～される)　**叫** jiào 動 呼ぶ、叫ぶ　**叫醒** jiàoxǐng 呼び
覚ます、起こす　**不是～就是** búshì～jiùshì … ～でなければ…である　**要** yào 助動 ～すべきである、～しな
ければならない　**才** cái 副 やっと、ようやく　**怕** pà 動 恐れる、心配する　**声音** shēngyīn 图 声、音
慢慢 mànmàn 副 次第に　**习惯** xíguàn 動 慣れる　**就** jiù 副 ほかならぬ　**点** diǎn (決まった)時間
它 tā 代 (物事や動物を指して)それ、そのもの、そのこと　**-起来** -qilai ～しだす　**啦** la 助 ～よ
录 lù 動 録音する　**再也没～过** zài yě méi～guo 二度と～することがなかった　**迟到** chídào 動 遅刻する

🎧 40

1 **結果補語 "给"** ―― "给" の後の人は、受け取り手を表わす。

主語 + 動詞 + 結果補語 "给" + 人 + もの

姥爷　送**给**了　我　一　个　电子　词典。
Lǎoye　sònggěile　wǒ　yí　ge　diànzǐ　cídiǎn.

我　打算　寄**给**　她　几　张　最近　拍　的　照片。　　＊ 拍 pāi：撮る
Wǒ　dǎsuàn　jìgěi　tā　jǐ　zhāng　zuìjìn　pāi　de　zhàopiàn.

2 **受身文**　　主語 + **"被"** + （人／もの） + 動詞 + 補語／ **"了"** など

「（人／ものに）〜をされる」

早上，我　**被**（妈妈）叫醒　了。
Zǎoshang,　wǒ　bèi　(māma)　jiàoxǐng　le.

她　的　衣服　**被**（车门）夹住　了。　　＊ 夹住 jiāzhù：挟んでしまう
Tā　de　yīfu　bèi　(chēmén)　jiāzhù　le.　　　　"夹" は動詞「挟む」、"住" は結果補語。

那　本　小说　**被**（小　李）借走　了。　　＊ 借走 jièzǒu：借りて行く
Nà　běn　xiǎoshuō　bèi　(Xiǎo　Lǐ)　jièzǒu　le.　　"借" は動詞「借りる」、"走" は結果補語。

3 **"不是 〜 就是 …"**　「〜 でなければ … である」

这　几　天，**不是**　刮　风　**就是**　下　雨。　　＊ 刮风 guā fēng：風が吹く
Zhè　jǐ　tiān,　búshì　guā　fēng　jiùshì　xià　yǔ.

我　坐　电车　时，**不是**　听　音乐　**就是**　睡觉。
Wǒ　zuò　diànchē　shí,　búshì　tīng　yīnyuè　jiùshì　shuìjiào.

4 **"再也没 〜 过"**　「二度と 〜 することがなかった」

从　那　以后，我　**再**　**也**　**没**　见**过**　他。
Cóng　nà　yǐhòu,　wǒ　zài　yě　méi　jiànguo　tā.

后来，她　**再**　**也**　**没**　给　他　打**过**　电话。
Hòulái,　tā　zài　yě　méi　gěi　tā　dǎguo　diànhuà.

＊ これからのことを表わすときには、**"再也不 〜 了"**「二度と〜しない」を使う。

我　**再**　**也**　**不**　信　广告　**了**。　　＊ 广告 guǎnggào：広告
Wǒ　zài　yě　bú　xìn　guǎnggào　le.

1 次のピンインを漢字に直し、1) と 2) は本文を参考に、3) は自由に答えましょう。

1) 問： Gāodǎo yígòng yǒu jǐ ge nàozhōng？

   答： --

2) 問： Wèishénme tā yòu mǎile yí ge shēngyīn gèng dà de nàozhōng？

   答： --

3) 問： Nǐ zǎoshang qǐdelái qǐbulái？

   答： --

2 日本語を参考に、（ ）に適切な語句を入れましょう。

1) その辞書を私に貸してちょっと使わせてもらえる？

   那 本 词典 能 借(   ) 我 用用 吗？
   Nà běn cídiǎn néng jiè   wǒ yòngyong ma？

2) 服は雨に降られて濡れてしまった。

   衣服 （   ） 雨 淋湿 了。　　*淋湿 línshī：(水などを)かけて、濡らす
   Yīfu   yǔ línshī le.　　　　"淋" は動詞「(水などを) かける」、"湿" は結果補語。

3) 卒業して以来、私たちは二度と連絡することがなかった。

   毕业 以后， 我们 （   ） 联系过。
   Bìyè yǐhòu, wǒmen   liánxìguo.

4) 日曜日、私は家でテレビを見るのでなければ、ゲームをする。

   星期天， 我 （   ） 在 家 看 电视，（   ） 打 游戏。
   Xīngqītiān, wǒ   zài jiā kàn diànshì,   dǎ yóuxì.

3 次の日本語を参考に、語句を並べ替えましょう。

1) 週末、私は映画を見るのでなければ、ショッピングをする。

東西 / 电影 / 买 / 不是 / 就是 / 看 / 周末 / 我 / ，

----

2) 私の自転車は彼女に貸した。

借 / 我 / 她 / 自行车 / 给 / 了 / 的

----

3) 私の名前は彼に書き間違えられました。

了 / 他 / 我 / 被 / 名字 / 错 / 的 / 写

----

4) 彼は出国して以後、二度と戻って来なかった。

回来 / 他 / 再 / 没 / 也 / 出国 / 过 / 以后

----

4 次の文を読み、下の設問に答えましょう。

周玲上大学后很少运动*。她(¹　　　)下课(¹　　　)回宿舍，(インターネットにアクセスするのでなければ、横になって本を読む。)　她还特别爱吃零食*，所以越来越胖*，最近(²　　　)去年的衣服(²　　　)穿不了了。她打算从明天开始运动，(³　　　　　　)吃零食(³　　　)。

* 运动 yùndòng：運動する
* 零食 língshí：おやつ、間食
* 胖 pàng：太っている

問1： 文中の日本語を中国語に訳しましょう。

問2： (　)の1～3に入る組み合わせの語句を下から選び、書き入れましょう。

連～都　　　再也不～了　　　一～就

第10课 打工

Dǎgōng

现在， 我 在 一 家 快餐店
Xiànzài, wǒ zài yì jiā kuàicāndiàn

打工， 一 周 去 三 次， 一 次
dǎgōng, yì zhōu qù sān cì, yí cì

干 四 个 小时， 报酬 是 一 个
gàn sì ge xiǎoshí, bàochou shì yí ge

小时 一千 日元。 一 个 月 能 挣 五万 左右。
xiǎoshí yìqiān rìyuán. Yí ge yuè néng zhèng wǔwàn zuǒyòu.

以前， 我 在 一 家 便利店 打过 工。 虽然 报酬 比较 高， 但是
Yǐqián, wǒ zài yì jiā biànlìdiàn dǎguo gōng. Suīrán bàochou bǐjiào gāo, dànshì

要 从 夜里 十二 点 干到 第 二 天 早上 八 点。 不但 对 身体
yào cóng yèli shí'èr diǎn gàndào dì èr tiān zǎoshang bā diǎn. Búdàn duì shēntǐ

不 好， 而且 影响 学习。 于是， 我 辞掉了 那个 工作。
bù hǎo, érqiě yǐngxiǎng xuéxí. Yúshì, wǒ cídiàole nèige gōngzuò.

在 这 家 快餐店 打工 的 人 除了 日本 的 大学生 以外， 还
Zài zhè jiā kuàicāndiàn dǎgōng de rén chúle Rìběn de dàxuéshēng yǐwài, hái

有 几 个 外国 留学生。 前 几 天 打工 的 时候， 我 跟 一 个
yǒu jǐ ge wàiguó liúxuéshēng. Qián jǐ tiān dǎgōng de shíhou, wǒ gēn yí ge

中国 留学生 说了 几 句 汉语。 他 夸 我 汉语 说得 不错。 没
Zhōngguó liúxuéshēng shuōle jǐ jù Hànyǔ. Tā kuā wǒ Hànyǔ shuōde búcuò. Méi

想到 在 这儿 打工， 不但 能 挣 钱， 而且 能 练习 汉语， 真
xiǎngdào zài zhèr dǎgōng, búdàn néng zhèng qián, érqiě néng liànxí Hànyǔ, zhēn

是 一举两得！
shì yìjǔliǎngdé !

单语

快餐店 kuàicāndiàn 图 ファストフード店　　**干** gàn 動 （仕事などを）する、やる　　**报酬** bàochou 图 報酬

挣 zhèng 動 （お金を）稼ぐ　　**左右** zuǒyòu 图 〜ぐらい、〜前後　　**虽然〜但是…** suīrán〜dànshì… 〜ではあるが、しかし…　　**比较** bǐjiào 副 比較的に　　**夜里** yèli 图 夜中　　**不但〜而且…** búdàn〜érqiě… 〜だけでなく、その上…　　**影响** yǐngxiǎng 動 影響する、影響を与える　　**于是** yúshì 接 そこで　　**辞** cí 動 辞める

*** 辞掉** cídiào 辞めてしまう　　**句** jù 量 言葉や文を数える単位　　**夸** kuā 動 ほめる　　**不错** búcuò 形 うまい、悪くない　　**想到** xiǎngdào 思いつく　　**练习** liànxí 動 練習する　　**一举两得** yìjǔliǎngdé 成語 一挙両得、一石二鳥

🎧 44

1 **離合詞** ── 「動詞＋目的語」という構造からできた２音節の動詞。その動詞の部分と目的語の部分は分離でき、その間に様々な語句が入りうる。

我　在　便利店　**打工**。　→　我　在　便利店　**打**过　**工**。
Wǒ　zài　biànlìdiàn　dǎgōng.　　　Wǒ　zài　biànlìdiàn　dǎguo　gōng.

他　和　她　**见面**。　→　他　和　她　**见**过　几　次　**面**。
Tā　hé　tā　jiànmiàn.　　　Tā　hé　tā　jiànguo　jǐ　cì　miàn.

我　哥哥　**开车**。　→　我　哥哥　**开**了　三　个　小时　**车**。
Wǒ　gēge　kāichē.　　　Wǒ　gēge　kāile　sān　ge　xiǎoshí　chē.

2 **数量補語** ── 動作の回数や継続する時間を表わす。

> 主語 ＋ 動詞 ＋ **数量補語** ＋ 目的語

暑假　我　回了　**一**　**趟**　老家。　　　＊ 趟 tàng：往復を１つの単位として数える量詞
Shǔjià　wǒ　huíle　yí　tàng　lǎojiā.

弟弟　在　家　看了　**一**　**天**　漫画。
Dìdi　zài　jiā　kànle　yì　tiān　mànhuà.

3 **"虽然 ～ 但是 …"**　　「～ ではあるが、しかし …」

虽然　我　很　喜欢　她，　**但是**　她　不　喜欢　我！
Suīrán　wǒ　hěn　xǐhuan　tā,　dànshì　tā　bù　xǐhuan　wǒ!

虽然　他　常　买　彩票，　**但是**　一　次　也　没　中过。
Suīrán　tā　cháng　mǎi　cǎipiào,　dànshì　yí　cì　yě　méi　zhòngguo.

＊ 彩票 cǎipiào：宝くじ
＊ 中 zhòng：当たる

4 **"不但 ～ 而且 …"**　　「～ だけでなく、その上 …」

那个　孩子　**不但**　很　聪明，　**而且**　很　用功。
Nèige　háizi　búdàn　hěn　cōngming,　érqiě　hěn　yònggōng.

这个　菜　**不但**　好吃，　**而且**　有　营养。　　　＊ 营养 yíngyǎng：栄養
Zhèige　cài　búdàn　hǎochī,　érqiě　yǒu　yíngyǎng.

＊ **"不仅 ～ 而且 …"** も同じ意味で使う。

中国　**不仅**　面积　大，　**而且**　人口　多。　　　＊ 面积 miànjī：面積
Zhōngguó　bùjǐn　miànjī　dà,　érqiě　rénkǒu　duō.

1 次のピンインを漢字に直し、1) と 2) は本文を参考に、3) は自由に答えましょう。

1) 問： Yǐqián, Gāodǎo zài nǎr dǎguo gōng?

   答：

2) 問： Wèishénme zài zhèige kuàicāndiàn dǎgōng shì yìjǔliǎngdé?

   答：

3) 問： Nǐ yì zhōu dǎ jǐ cì gōng?

   答：

2 日本語を参考に、（　）に適切な語句を入れましょう。

1) 彼は私たち家族全員の写真を1枚撮ってくれた。　　　　　　　　　＊写真を撮る：照相 zhàoxiàng（離合詞）

   他　给　我们　全家　照　（　　　　　）　相。
   Tā　gěi　wǒmen　quánjiā　zhào　　　　　　　xiàng.

2) 昨日私は同級生と2時間バスケットボールをした。

   昨天　我　和　同学　打了　（　　　　　）　篮球。
   Zuótiān　wǒ　hé　tóngxué　dǎle　　　　　　　lánqiú.

3) このセーターは綺麗なだけでなく、とても着心地がいい。　　　　　　　＊心地よい：舒服 shūfu

   这　件　毛衣　（　　　）　很　好看，（　　　）　很　舒服。
   Zhè　jiàn　máoyī　　　　hěn　hǎokàn,　　　　hěn　shūfu.

4) 私は8年間英語を習ったけれど、まだ話せない。

   我　（　　　）　学了　八　年　英语，（　　　）　还　不　会　说。
   Wǒ　　　　xuéle　bā　nián　Yīngyǔ,　　　　hái　bú　huì　shuō.

3　次の日本語を参考に、語句を並べ替えましょう。

1)　日本の大学は年に3回休暇がある。　　　　　　　　　　　　　＊休暇がある：放假 fàngjià（離合詞）

　　三 ／ 年 ／ 假 ／ 一 ／ 大学 ／ 的 ／ 放 ／ 次 ／ 日本

　　--

2)　私たちは中国語の歌を何回か練習した。

　　汉语 ／ 遍 ／ 歌儿 ／ 练习 ／ 我们 ／ 几 ／ 了

　　　　　　　　　　　　　　　　　　　　　　　　　　　　＊遍 biàn：（初めから終わりまで）ひと通り
　　--

3)　このバッグは見た目がいいだけでなく、使い勝手もよい。　＊使い勝手がよい：实用 shíyòng

　　不但 ／ 而且 ／ 很 ／ 很 ／ 皮包 ／ 实用 ／ 好看 ／ 这个 ／ ，

　　--

4)　私は彼女に会ったことはないが、（彼女の）名前は聞いたことがある。

　　她 ／ 她 ／ 过 ／ 过 ／ 见 ／ 听说 ／ 的 ／ 没 ／ 名字 ／ 虽然 ／ 但是 ／ ，

　　我 --

4　次の文を読み、下の設問に答えましょう。

　　　我第一次去滑雪的时候，跟一个滑 [A de] 非常好 [B de] 朋友学。(¹　　　)
我非常努力 [C de] 学，(²　　　)还是滑不好，结果＊撞＊了一个女学生。我非常不好
意思＊ [D de] 说"对不起"。她(³　　　)没生气＊，(⁴　　　)笑着对我说"没关系"，
然后滑下山去了。她滑 [E de] 特别好。<u>我真希望能再和她见一次面。</u>

　　　　　　　　　　　　　　　　　＊结果 jiéguǒ：結局　＊撞 zhuàng：ぶつかる
　　　　　　　　　　　　　　＊不好意思 bùhǎoyìsi：申し訳ない　＊生气 shēngqì：怒る

問1：　[　]のA～Eの"de"を漢字に直しましょう。

　　　　A --------------　B --------------　C --------------　D --------------　E --------------

問2：　（　）の1～4に入る語句を下から選び、書き入れましょう。

　　　　　但是　　　　不但　　　　虽然　　　　而且

問3：　下線部の中から、離合詞を見つけましょう。

第11课 寒假
Hánjià

新年 快 到 了， 我们 就要 放
Xīnnián kuài dào le, wǒmen jiùyào fàng

寒假 了。 我们 大学 一共 放 两
hánjià le. Wǒmen dàxué yígòng fàng liǎng

个 星期 假。 大部分 同学 回 老家，
ge xīngqī jià. Dàbùfen tóngxué huí lǎojiā,

也 有 一些 同学 准备 去 打工， 多 挣 点儿 零花钱。 我 有 一
yě yǒu yìxiē tóngxué zhǔnbèi qù dǎgōng, duō zhèng diǎnr línghuāqián. Wǒ yǒu yí

个 好 朋友 跟 他 父母 去 夏威夷 度假。 真 让 人 羡慕！
ge hǎo péngyou gēn tā fùmǔ qù Xiàwēiyí dùjià. Zhēn ràng rén xiànmù!

我 呢， 哪儿 也 不 想 去。 因为 我 的 大学 生活 太 忙
Wǒ ne, nǎr yě bù xiǎng qù. Yīnwèi wǒ de dàxué shēnghuó tài máng

了， 所以 就 想 在 家 里 好好儿 休息 一下。 每 天 睡睡 懒觉，
le, suǒyǐ jiù xiǎng zài jiā lǐ hǎohāor xiūxi yíxià. Měi tiān shuìshui lǎnjiào,

看看 视频， 打打 游戏。 元旦 过 后， 再 去 见 几 个 老朋友。
kànkan shìpín, dǎda yóuxì. Yuándàn guò hòu, zài qù jiàn jǐ ge lǎopéngyou.

大家 在 一起 吃吃 饭， 聊聊 天儿， 唱唱 歌儿 什么的， 尽情
Dàjiā zài yìqǐ chīchi fàn, liáoliao tiānr, chàngchang gēr shénmede, jìnqíng

地 享受 一下 没有 压力 的 快乐 时光！
de xiǎngshòu yíxià méiyǒu yālì de kuàilè shíguāng!

今年 寒假， 你 都 打算 干 什么 呢？
Jīnnián hánjià, nǐ dōu dǎsuàn gàn shénme ne?

45

单 语

寒假 hánjià 图 冬休み　**新年** xīnnián 图 新年　**快〜了** kuài〜le もうすぐ〜だ　**就要〜了** jiùyào〜le まもなく〜になる　**放** fàng 動 （休みに）なる　**放假** fàngjià 動 休暇になる　**一共** yígòng 副 全部で　**一些** yìxiē いくつか　**准备** zhǔnbèi 動 〜する予定である　**夏威夷** Xiàwēiyí 图 ハワイ　**度假** dùjià 動 休日を過ごす　**让** ràng 動 （人に）〜させる　**羡慕** xiànmù 動 うらやむ　**就** jiù 副 （ほかでもなく）〜だけ　**好好儿** hǎohāor 副 思う存分　**睡懒觉** shuì lǎnjiào 寝坊する　**元旦** Yuándàn 图 元旦　**再** zài 副 それから　**一起** yìqǐ 图 同じ所　**尽情** jìnqíng 副 心ゆくまで　**享受** xiǎngshòu 動 楽しむ　**压力** yālì 图 プレッシャー、ストレス　**快乐** kuàilè 形 楽しい、愉快である　**时光** shíguāng 图 時間　**都** dōu 副 内容が複数のものであることを表わす

1 **"有"の兼語文** —— "有"の目的語が、後ろの動詞の主語を兼ねている文。

「～をする（人）がいる」のように後ろから訳していくことが多い。

我 **有** 一 个 同学 去 夏威夷 旅游。
Wǒ yǒu yí ge tóngxué qù Xiàwēiyí lǚyóu.

她 在 英国 留学 时，**没有** 朋友 帮助 她。　*帮助 bāngzhù：助ける
Tā zài Yīngguó liúxué shí, méiyǒu péngyou bāngzhù tā.

2 **使役動詞"让"**　「(人) に～させる」「(人) に～するようにと言う」

主語 +"让"+ 人 + 動詞 + 目的語

让 您 久 等 了，真 不好意思。
Ràng nín jiǔ děng le, zhēn bùhǎoyìsi.

你 有 这么 好 的 机会，真 **让** 人 羡慕。　*机会 jīhuì：チャンス
Nǐ yǒu zhème hǎo de jīhuì, zhēn ràng rén xiànmù.

老师 **让** 你 明天 交 作业。　*交 jiāo：提出する
Lǎoshī ràng nǐ míngtiān jiāo zuòyè.

* 否定文は"让"の前に"不"か"没"を置く。

医生 **不** **让** 我 爸爸 喝 酒。
Yīshēng bú ràng wǒ bàba hē jiǔ.

3 **副詞"就"**　「とりわけ～だけを（…する）」——"就"の後ろの内容を強調する。

我 **就** 想 在 家 里 好好儿 休息。
Wǒ jiù xiǎng zài jiā lǐ hǎohāor xiūxi.

她 **就** 不 喜欢 抽烟 的 人。　*抽烟 chōuyān：タバコを吸う
Tā jiù bù xǐhuan chōuyān de rén.

4 **副詞"都"** —— 答えに複数のことが予想される場合の質問文に使う。答えには使わない。

周末 你 **都** 干 什么？
Zhōumò nǐ dōu gàn shénme?

—— 我 洗洗 衣服，买买 东西 什么的。
Wǒ xǐxi yīfu, mǎimai dōngxi shénmede.

你 家 里 **都** 有 什么 人？
Nǐ jiā lǐ dōu yǒu shénme rén?

—— 爸爸、妈妈、两 个 姐姐 和 一 个 弟弟。
Bàba, māma, liǎng ge jiějie hé yí ge dìdi.

1 次のピンインを漢字に直し、1) と 2) は本文を参考に、3) は自由に答えましょう。

1） 問： Gāodǎo　wèishénme　xiànmù　tā　de　hǎo　péngyou？

　　 答： ---

2） 問： Yuándàn　guò　hòu,　tā　dǎsuàn　gàn　shénme？

　　 答： ---

3） 問： Hánjià　nǐ　dōu　xǐhuan　gàn　shénme？

　　 答： ---

2 日本語を参考に、（　）に適切な語句を入れましょう。

1） 彼女はあなたにここで少し待つようにと言いました。

　　 她　（　　　）　你　在　这儿　等　一下。
　　 Tā　　　　　　 nǐ　zài　zhèr　děng　yíxià.

2） 僕と弟は父だけが怖いんだ。

　　 我　和　弟弟　（　　　）　怕　我　爸爸。
　　 Wǒ　hé　dìdi　　　　　　pà　wǒ　bàba.

3） 今日の午前中にあなたを訪ねてきた人がいました。

　　 今天　上午　（　　　）　一　个　人　来　找　你。
　　 Jīntiān　shàngwǔ　　　　yí　ge　rén　lái　zhǎo　nǐ.

4） あなたは北京のどことどこに行きましたか。

　　 你　（　　　）　去了　北京　的　什么　地方？
　　 Nǐ　　　　　　qùle　Běijīng　de　shénme　dìfang？

3 次の日本語を参考に、語句を並べ替えましょう。

1) このことは誰と誰に言いましたか。

   谁 / 都 / 事 / 这 / 告诉 / 了 / 件 / 你 / ？

   ----

2) 私はコメディ映画が大好きだ！　　　　　　　　　＊コメディ：喜剧 xǐjù

   电影 / 就 / 喜剧 / 看 / 爱 / 我 / ！

   ----

3) 木村さんはアメリカに留学している弟がいます。

   弟弟 / 木村 / 美国 / 留学 / 个 / 在 / 有 / 一

   ----

4) ボーイフレンドの写真を見せてもらってもいい？

   看看 / 让 / 你 / 可以 / 的 / 男朋友 / 我 / 吗 / 照片 / ？

   ----

4 次の文を読み、下の設問に答えましょう。

　　我有一个同学去意大利＊旅游回来了。我问他："你(¹　　)看了哪些地方？"他说有名的世界文化遗产＊都看了。他还打开电脑，(²　　)我们看他照的照片。(³　　)照得很好，但是都是风景的照片。我问他："(⁴　　)没有你的照片？"他说："因为我不喜欢照人，(⁵　　)喜欢照风景。"

＊ 意大利 Yìdàlì：イタリア
＊ 世界文化遗产 shìjiè wénhuà yíchǎn：世界文化遺産

問1：　下線部を日本語に訳しましょう。

問2：（ ）の1〜5に入る語句を下から選び、書き入れましょう。

　　虽然　　怎么　　都　　就　　让

我 学 汉语 的 理由 很 简单，
Wǒ xué Hànyǔ de lǐyóu hěn jiǎndān,

就 是 因为 有 很 多 不 学 也
jiù shì yīnwèi yǒu hěn duō bù xué yě

看得懂 的 汉字。 可是， 学了 以后
kàndedǒng de Hànzì. Kěshì, xuéle yǐhòu

我 才 知道， 汉语 没有 我 想像 的 那么 容易。 特别 是 发音
wǒ cái zhīdao, Hànyǔ méiyǒu wǒ xiǎngxiàng de nàme róngyì. Tèbié shì fāyīn

和 四声， 对 我 来说 太 难 了， 总是 念错。
hé sìshēng, duì wǒ láishuō tài nán le, zǒngshì niàncuò.

教 我们 汉语 的 老师 常 说："只有 多 练习， 才 能 学好。"
Jiāo wǒmen Hànyǔ de lǎoshī cháng shuō: "Zhǐyǒu duō liànxí, cái néng xuéhǎo."

我 决定 这个 春假 去 中国 留学。 正好， 我 爸爸 有 个 中国
Wǒ juédìng zhèige chūnjià qù Zhōngguó liúxué. Zhènghǎo, wǒ bàba yǒu ge Zhōngguó

朋友 住在 北京， 我 准备 住在 他 家 里。 这样 的话， 既 有
péngyou zhùzài Běijīng, wǒ zhǔnbèi zhùzài tā jiā lǐ. Zhèyàng dehuà, jì yǒu

机会 说 汉语， 又 有 机会 了解 中国人 的 日常 生活。 我 决心
jīhuì shuō Hànyǔ, yòu yǒu jīhuì liǎojiě Zhōngguórén de rìcháng shēnghuó. Wǒ juéxīn

一定 要 把 汉语 学好。
yídìng yào bǎ Hànyǔ xuéhǎo.

我 盼着 春假 早 一 天 到来！
Wǒ pànzhe chūnjià zǎo yì tiān dàolái!

49

单 語

理由 lǐyóu 图 理由　　简单 jiǎndān 形 単純である、簡単である　　是因为～ shì yīnwèi～ ～だからである
想像 xiǎngxiàng 動 想像する　　容易 róngyì 形 易しい、容易である　　发音 fāyīn 图 発音　　对～来说 duì～
láishuō ～に対して(言えば)、～にとって(は)　　总是 zǒngshì 副 いつも　　念 niàn 動 (声を出して)読む
只有～才… zhǐyǒu～cái… ～してこそはじめて…　　决定 juédìng 動 決める　　春假 chūnjià 图 春休み
正好 zhènghǎo 副 都合よく、折よく　　这样的话 zhèyàng dehuà そうであるなら　　机会 jīhuì 图 機会、チャンス
了解 liǎojiě 動 知る、理解する　　日常 rìcháng 形 日常の　　决心 juéxīn 動 決心する　　把 bǎ 前 ～を
盼 pàn 動 待ち望む、切に希望する　　早一天 zǎo yì tiān 一日も早く

🎧 52

☐1 **"对 ～ 来说"** 「～ に対して（言えば）」「～ にとって（は）」

> 对 我 **来说,** 汉语 的 发音 太 难 了。
> Duì wǒ láishuō, Hànyǔ de fāyīn tài nán le.

> 对 孩子 **来说,** 玩儿 也 是 学习。
> Duì háizi láishuō, wánr yě shì xuéxí.

☐2 **"只有 ～ 才 …"** 「～ してこそはじめて …」── 唯一の条件を表わす。

> 只有 多 练习, **才** 能 学好 外语。
> Zhǐyǒu duō liànxí, cái néng xuéhǎo wàiyǔ.

> 只有 拿到 一百 三十 学分, **才** 能 毕业。
> Zhǐyǒu nádào yìbǎi sānshí xuéfēn, cái néng bìyè.

> * 拿到 nádào：手に入れる、手に入る
> * 学分 xuéfēn：（大学の）履修単位

☐3 **"有" の連動文** ──"有" の主語と後ろの動詞の主語が同じである。
「… をする ～（もの）がある」のように後ろから訳していく。

> 小 张 今天 **有** 时间 看 电影。
> Xiǎo Zhāng jīntiān yǒu shíjiān kàn diànyǐng.

> 我 **有** 钱 买 自行车, **没有** 钱 买 汽车。
> Wǒ yǒu qián mǎi zìxíngchē, méiyǒu qián mǎi qìchē.

☐4 **"把" 構文** ──"把" により動作の対象を動詞の前に出し、その対象をどうしたか、どうするかを述べる。なお、動詞の後に必ず補語や "了" などをつける。

> 主語 + **"把"** + 動作の対象 + 動詞 + 補語 ／ "了" など

> 我 一定 要 **把** 汉语 学好。
> Wǒ yídìng yào bǎ Hànyǔ xuéhǎo.

> 他 **把** 这个 月 的 零花钱 花完 了。 * 花 huā：（お金を）使う
> Tā bǎ zhèige yuè de línghuāqián huāwán le.

> 我 爸爸 **把** 冰箱 里 的 啤酒 都 喝 了。 * 冰箱 bīngxiāng：冷蔵庫
> Wǒ bàba bǎ bīngxiāng lǐ de píjiǔ dōu hē le.

1 次のピンインを漢字に直し、1）と 2）は本文を参考に、3）は自由に答えましょう。

1）問： Tāmen de Hànyǔ lǎoshī cháng duì tāmen shuō shénme？

　　答：

2）問： Tā juédìng shénme shíhou qù Zhōngguó liúxué？

　　答：

3）問： Nǐ wèishénme xuéxí Hànyǔ？

　　答：

2 日本語を参考に、（ ）に適切な語句を入れましょう。

1）今私はゲームをやる時間はない。

　　现在 我 （　　　　　　 ） 打 游戏。
　　Xiànzài wǒ 　　　　　　　　 dǎ yóuxì.

2）日本の学生にとっては、漢字を書くのは比較的やさしい。

　　（　　 ） 日本 学生 （　　　　 ） 写 汉字 比较 容易。
　　　　　 Rìběn xuésheng 　　　　　 xiě Hànzì bǐjiào róngyì.

3）両親が同意してこそ、彼らははじめて結婚できる。

　　（　　　 ） 父母 同意， 他们 （　　　 ） 能 结婚。
　　　　　　 fùmǔ tóngyì， tāmen 　　　　　 néng jiéhūn.

4）彼女は私がプレゼントしたお菓子をほかの人にあげた。

　　她 （　　 ） 我 送给 她 （　　 ） 点心 给 别人 了。
　　Tā 　　　 wǒ sònggěi tā 　　　 diǎnxin gěi biérén le.

3 次の日本語を参考に、語句を並べ替えましょう。

1) 私は友達を空港まで送ることに決めた。

机场 / 到 / 我 / 朋友 / 决定 / 把 / 送

------

2) 私は海外へ留学に行くお金がない。

留学 / 我 / 钱 / 国外 / 没有 / 去

------

3) 車の免許を取ってこそ、はじめて運転ができる。　　　＊運転免許証：驾驶执照 jiàshǐ zhízhào

只有 / 才 / 驾驶执照 / 开车 / 到 / 能 / 拿 / ，

------

4) 私にとって、最も大切なのは時間である。　　　＊大切だ：宝贵 bǎoguì

宝贵 / 最 / 的 / 来说 / 时间 / 是 / 我 / 对 / ，

------

4 次の文を読み、下の設問に答えましょう。

（¹　　　）我来说，汉语的发音最难。特别是开始学（²　　　）时候，总是念错。比如，把"水饺"念成*"睡觉"，把"手纸"念成"手机"，出了不少笑话*。我决心一定要（³　　　）发音练习好。最近，老师和同学们（⁴　　　）夸我的发音（⁵　　　）好了，我真高兴。我希望（⁶　　　）机会去中国留学。(努力さえすれば、中国語をマスターできる！)

＊念成 niànchéng：(〜と)発音してしまう
＊出笑话 chū xiàohua：どじをやる、へまをする

問1：　（　）の1〜6に入る語句を下から選び、書き入れましょう。

把　　有　　都　　对　　的　　越来越

問2：　下線部の日本語と同じ意味の中国語を選び、○をつけましょう。

a. 只要努力，就能学好汉语。
b. 只有努力，才能学好汉语。

文法のまとめ3　　いろいろな補語

1 **様態補語** —— 動作の様態を表わす。目的語がある場合は動詞をもう1度繰り返す。前の動詞は省略できる。

> （動詞）＋ 目的語 ＋ 動詞 ＋ **"得"** ＋ 形容詞　　「～（をするの）がどのようだ」

她　（唱）　歌儿　唱**得**　很　好。　　（彼女は歌（を歌うの）がうまい。）
Tā （chàng） gēr chàngde hěn hǎo.

> ▶ 否定文は、形容詞の前に "不" を置く。

我　（弹）　钢琴　弹**得**　**不**　好。　　（私はピアノ（を弾くの）がうまくない。）
Wǒ （tán） gāngqín tánde bù hǎo.

2 **結果補語** —— 動詞の後に置き、動作の結果を表わす。動詞や形容詞を使う。

> 動詞 ＋ **結果補語**（動詞 ／ 形容詞）＋ 目的語

妈妈　已经　做**好**　晚饭　了。　　（母はもう晩ご飯を用意できた。）
Māma yǐjīng zuòhǎo wǎnfàn le.

这　本　小说　我　已经　看**完**　了。　　（この小説は、私はもう読み終えた。）
Zhè běn xiǎoshuō wǒ yǐjīng kànwán le.

> ▶ 否定文は、動詞の前に "没（有）" を置き、文末や動詞の後の "了" を取る。

他们　**没（有）**　找**到**　那个　餐厅。　　（彼らはそのレストランを見つけられなかった。）
Tāmen méi(you) zhǎodào nèige cāntīng.

3 **方向補語** —— 動作の方向を表わす。
複合方向補語は、単純方向補語1の後に単純方向補語2（"来／去"）を置く。

単純方向補語2 ＼ 単純方向補語1	上	下	进	出	回	过	起
来	上来	下来	进来	出来	回来	过来	起来
去	上去	下去	进去	出去	回去	过去	／

她　买**来**了　很　多　零食。　　（彼女はたくさんのおやつを買ってきた。）
Tā mǎilaile hěn duō língshí.

孩子们　从　桥　上　跑**过去**　了。　　（子供たちは橋を走って渡っていった。）
Háizimen cóng qiáo shàng pǎoguoqu le.

> ◆ 場所が目的語となる場合は、必ず "来" と "去" の前に置く。

校长　走**上**　台　**去**　讲话。　　（学長が壇に歩いて上がっていきスピーチした。）
Xiàozhǎng zǒushàng tái qu jiǎnghuà.

◆ ものが目的語となる場合は、"来"と"去"の前か後ろに置く。

姐姐 买**回来** 很 多 水果。／ 姐姐 买**回** 很 多 水果 **来**。
Jiějie mǎihuilai hěn duō shuǐguǒ. Jiějie mǎihuí hěn duō shuǐguǒ lai.

（姉はくだものをたくさん買って帰ってきた。）

＊ 方向補語は、動作の方向の意味から、派生的な意味を生じるものが多い。

我 想**出来** 一 个 好 办法。 （私はいいアイディアを1つ考えだした。）
Wǒ xiǎngchulai yí ge hǎo bànfǎ.

④ 可能補語

（1）動詞と結果補語や方向補語の間に"得／不"を置き、可能かどうかを表わす。

> 動詞＋"**得／不**"＋結果補語・方向補語

我 **看得懂** 中国 电影。 （私は中国映画を見てわかる。）
Wǒ kàndedǒng Zhōngguó diànyǐng.

这么 高 的 山, 爬**不上去** 吧？ （こんなに高い山には登れないだろう？）
Zhème gāo de shān, pábushàngqù ba?

（2）動詞の後に"得了／不了"を使い、可能かどうかを表わす。 動詞＋"**得了／不了**"

你们 点得 太 多 了, 吃**不了** 吧？ —— 吃**得了**。
Nǐmen diǎnde tài duō le, chībuliǎo ba? Chīdeliǎo.

（あなたたちは注文がずいぶん多いですね。食べきれないのでは？ —— 食べきれます。）

明天 的 活动 你 去**得了** 吗？ —— 我 去**不了**。
Míngtiān de huódòng nǐ qùdeliǎo ma? Wǒ qùbuliǎo.

（明日のイベントに、あなたは行けますか。—— 私は行けません。）

⑤ 数量補語 —— 動詞と目的語の間に置き、動作の回数や、継続する時間を表わす。

> 動詞 ＋ **数量補語** ＋ 目的語

我 想 再 看 一 **遍** 那个 电视剧。 （私はもう1度あのドラマを見たい。）
Wǒ xiǎng zài kàn yí biàn nèige diànshìjù.

我 跟 哥哥 打了 **两 个 小时** 网球。 （私は兄と2時間テニスをやった。）
Wǒ gēn gēge dǎle liǎng ge xiǎoshí wǎngqiú.

◆ 目的語が人称代詞の場合は、数量補語は人称代名詞の後に置く。

> 動詞 ＋ 人称代名詞 ＋ **数量補語**

我 见过 他 一 **次**。 （私は彼に1回会ったことがある。）
Wǒ jiànguo tā yí cì.

＊□内の数字は初出の課。
図は「文法のまとめ」のページを示す。

―――― A ――――

a	啊	助	～よ	4
ài	爱	動	好む	3
àihào	爱好	名	趣味	6

―――― B ――――

bǎ	把	量	（椅子などを数える）～脚	5
		前	～を	12
bàba	爸爸	名	父、お父さん	1
ba	吧	助	① ～しましょう	3
			② ～しなさい	4
			③ ～でしょう	6
bǎi	摆	動	並べる	4
bǎi	百	数	100	12
bān	班	名	クラス	5
bànfǎ	办法	名	方法	3
bāng	帮	動	（代わりに）～してあげる、助ける	4
bāngzhù	帮助	動	助ける	11
bāo	包	動	包む	1
bǎoguì	宝贵	形	大切である	12
bào	报	名	新聞	3
bàochou	报酬	名	報酬	10
bàomíng	报名	動	申し込む	文1
bàozhǐ	报纸	名	新聞	文2
bēi	背	動	肩にかける、背負う	4
bēibāo	背包	名	リュックサック	4
Běijīng	北京	名	北京	文1
bèi	被	前	…に（～される）	9
běn	本	量	（書物などを数える）～冊	6
bǐ	比	前	～より、～に比べて	3
bǐjiào	比较	副	わりと、比較的に	7
bǐrú	比如	接	例えば	6
bǐsài	比赛	名	試合	8
bìxiūkè	必修课	名	必修科目	1
bìyè	毕业	動	卒業する	2
biān ～ biān …	边 ～ 边 …		～しながら…する	5

biàn	遍	量	（初めから終わりまで）ひと通り	10
biànlìdiàn	便利店	名	コンビニエンスストア	10
biérén	别人	名	ほかの人	3
bīngxiāng	冰箱	名	冷蔵庫	12
bìng	病	名	病気	文1
búcuò	不错	形	うまい、悪くない	2
búdàn ～ érqiě …	不但 ～ 而且 …		ただ～だけでなく、しかも…	10
búguò	不过	接	しかし、でも	2
búshì ～ jiùshì …	不是 ～ 就是 …		～でなければ…である	9
bú tài ～	不太 ～		あまり～でない	文1
bù	不	副	① ～ない	2
			②（単独で使って）いいえ	7
bùhǎoyìsi	不好意思		申し訳ない	10
bùhuāngbùmáng	不慌不忙		慌てず焦らず	文1
bùjǐn ～ érqiě …	不仅 ～ 而且 …		ただ～だけでなく、しかも…	10
bù zhīdào ～ cái hǎo	不知道 ～ 才好		～したらいいのかわからない	7
～ buliǎo	-不了		（可能補語の否定形）～できない／～しきれない	8

―――― C ――――

cái	才	副	やっと、ようやく	9
cǎipiào	彩票	名	宝くじ	10
cài	菜	名	料理	1
càiguǎnr	菜馆儿	名	料理店	8
cānjiā	参加	動	参加する	1
cāntīng	餐厅	名	レストラン	1
chá	茶	名	茶	5
chá	查	動	調べる	4
chàbuduō	差不多	副	ほぼ	4
cháng	尝	動	味わう	4
cháng	常	副	よく、しょっちゅう	1
chángcháng	常常	副	いつも、よく	7

chàng	唱	動 歌う	②
chāoshì	超市	名 スーパーマーケット	⑤
chǎofàn	炒饭	名 チャーハン	⑥
chē	车	名 車、汽車	⑦
chēmén	车门	名 車のドア	⑨
chēzhàn	车站	名 駅	文2
chéng	成	動 ～になる	⑤
chéngjì	成绩	名 成績	②
chī	吃	動 食べる	①
chídào	迟到	動 遅刻する	⑨
chōngshí	充实	形 充実している	①
chōuyān	抽烟	動 タバコを吸う	⑪
-chū	-出	（方向補語）～（して）出る	④
chūbǎn	出版	動 出版する	⑥
chūchāi	出差	動 出張する	④
chūguó	出国	動 出国する	⑨
chūqu	出去	出かける	③
chū xiàohua	出笑话	どじをやる、へまをする	⑫
chūzhōngshēng	初中生	名 中学生	②
chúle ～ yǐwài …	除了 ～ 以外 …	～を除いて…、～のほかに…	③
chúshī	厨师	名 コック、料理人	⑧
-chulai	-出来	（方向補語）～（して）出てくる	④
-chuqu	-出去	（方向補語）～（して）出ていく	④
chuān	穿	動 着る、履く	④
chuānghu	窗户	名 窓	④
chūnjià	春假	名 春休み	⑫
chūntiān	春天	名 春	⑦
cí	辞	動 辞める	⑩
cídiǎn	词典	名 辞書	⑤
cídiào	辞掉	辞めてしまう	⑩
cì	次	量 （回数を数える）～回	②
cōngming	聪明	形 聡明である	⑩
cóng	从	前 ～から	②
-cuò	-错	（結果補語）～し間違える	⑨

——— D ———

dǎ	打	動 ① （球技などのスポーツを）する	②
		② （ゲームを）やる	③
		③ （電話を）かける	⑤
dǎbāo	打包	動 （残った料理を持ち帰るために）包む	⑧
dǎgōng	打工	動 アルバイトをする	①
dǎkāi	打开	動 つける（電源を入れる）	⑥
dǎsuàn	打算	動 ～するつもりだ	③
dà	大	形 大きい	①
dàbùfen	大部分	名 大部分	⑥
dàjiā	大家	名 みんな	③
dàxué	大学	名 大学	①
dàxuéshēng	大学生	名 大学生	⑩
dàyǔ	大雨	名 大雨	文1
dài	带	動 持つ、身につける	④
dài	戴	動 （眼鏡や帽子を）かける、かぶる	文2
dàn	但	接 しかし	⑥
dào	到	動 着く	文1
-dào	-到	（結果補語）① ～まで（移動する）	⑤
		② 動作の目的が実現されたことを表わす	⑤
dàolái	到来	動 到来する	⑫
dé	得	動 得る	⑧
Déguó	德国	名 ドイツ	⑦
de	的	助 名詞の前に修飾語がくるときに使う	①
de	地	助 動詞・形容詞の前に修飾語がくるときに使う	②
de	得	助 ① 動詞の後に置き、様態補語を導く	文1
		② 動詞と方向補語・結果補語の間に置き、可能補語を作る	文1
dehuà	的话	助 ～ということなら	⑧
-deliǎo	-得了	（可能補語の肯定形）～できる／～しきれる	⑧
děng	等	動 待つ	⑪
dìdao	地道	形 生粋の、本場の	⑧
dìdi	弟弟	名 弟	②
dì èr tiān	第二天	翌日	③
dìfang	地方	名 場所、ところ	⑤

61

dìtiě	地铁	名 地下鉄	7
dìyīcì	第一次	はじめて	10
diǎn	点	名 ①（時間の単位）	
		〜時	文1
		②（決まった）時間	9
diǎn(cài)	点（菜）	動 （料理を）注文する	8
diǎnr	点儿	量 少し、ちょっと	11
diǎnxin	点心	名 菓子	4
diàn	店	名 店	4
diànchē	电车	名 電車	9
diànhuà	电话	名 電話	9
diànnǎo	电脑	名 コンピュータ	2
diànshì	电视	名 テレビ	6
diànshìjù	电视剧	名 テレビドラマ	文3
diànyǐng	电影	名 映画	1
diànyǐngyuàn	电影院	名 映画館	6
diànyuán	店员	名 店員	4
diànzǐ cídiǎn	电子词典	電子辞書	文2
diànzǐ yóuxiāng	电子邮箱	メールアドレス	1
dìng	订	動 予約する	5
dōngxi	东西	名 もの、品物	5
-dǒng	-懂	（結果補語）〜して	
		分かる、理解する	文1
dònghuàpiàn	动画片	名 アニメーション	文2
dōu	都	副 ① みな	2
		② 答えに複数のこ	
		とが予想される場	
		合の質問文に使う	11
dòubāo	豆包	名 あんまん	5
dùjià	度假	動 休日を過ごす	11
duì	对	前 〜に対して	1
duì 〜 láishuō	对 〜 来说	〜に対して（言えば）、	
		〜にとって（は）	12
duìbuqǐ	对不起	すみません	10
duìmiàn	对面	名 正面、向かい側	4
duō	多	数 （数詞の後に置いて）	
		〜あまり	2
		形 多い、たくさん	1
Duōlā'ēimèng	哆啦 A 梦	名 ドラえもん	9
duōshao	多少	代 どのくらい	4

——— F ———

fāyīn	发音	名 発音	12
fǎnduì	反对	動 反対する	3
fàn	饭	名 食事	3

fànliàng	饭量	名 1 回の食事の量	8
fāngbiàn	方便	形 便利である	3
fāngfǎ	方法	名 方法	6
fángjiān	房间	名 部屋	4
fàng	放	動 ① 置く	5
		② 入れる	8
		③（休みに）なる	11
fàngjià	放假	動 休暇になる	10
fàngxīn	放心	動 安心する	8
fēicháng	非常	副 非常に、とても	1
fēng	风	名 風	9
fēngjǐng	风景	名 風景	7
fúwùyuán	服务员	名 従業員	5
fùmǔ	父母	名 父母、両親	1
fùqin	父亲	名 父親	2
Fùshìshān	富士山	名 富士山	8

——— G ———

gǎnmào	感冒	動 風邪をひく	5
gǎnxiè	感谢	動 感謝する	7
gǎn xìngqù	感兴趣	興味がある	1
gàn	干	動 （仕事などを）する、	
		やる	10
gāng	刚	副 〜したばかりである	6
gāngqín	钢琴	名 ピアノ	6
gāo	高	形 高い	10
gāoxìng	高兴	形 うれしい	4
gàosu	告诉	動 告げる、知らせる	11
gēge	哥哥	名 兄、お兄さん	2
ge	个	量 （品物や人を数える）	
		〜個、〜人	1
gěi	给	前 〜に	4
		動 与える	6
-gěi	-给	（結果補語）（"给"の	
		後の人は受け取り手	
		を表わす）	9
gēn	跟	前 〜と	2
		動 後について行く	4
gèng	更	副 さらに	9
gēr	歌儿	名 歌	2
gōngsī	公司	名 会社	2
gōngyuán	公园	名 公園	5
gōngzuò	工作	名 仕事	5
		動 仕事をする	2

gǔdiǎn	古典	形 古典の、クラシックな	1
guā	刮	動 (風が) 吹く	9
guān	关	動 閉まる	4
guānmén	关门	動 閉店する	1
guànjūn	冠军	名 優勝	8
guāng	光	副 〜ばかり	2
Guǎngdōng	广东	名 広東	8
guǎnggào	广告	名 広告	9
guàng	逛	動 (店などを) 見物する	4
guàngjiē	逛街	動 街をぶらつく	4
guàng shāngdiàn	逛商店	ウィンドーショッピングをする	1
guì	贵	形 (値段が) 高い	8
guówài	国外	名 海外、国外	2
guò	过	動 過ごす	5
-guò	-过	(方向補語)〜(して)過ぎる、〜(して)渡る	4
guo	过	助 〜したことがある	文2
-guolai	-过来	(方向補語)〜(して)過ぎてくる、〜(して)渡ってくる	4
-guoqu	-过去	(方向補語)〜(して)過ぎていく、〜(して)渡っていく	4

――――― H ―――――

hái	还	副 ① まだ	2
		② また、その上	5
hái kěyǐ	还可以	まあまあである	2
háishi	还是	副 やはり	6
háizi	孩子	名 子供	1
hánjià	寒假	名 冬休み	11
Hànyǔ	汉语	名 中国語	1
Hànzì	汉字	名 漢字	7
hǎo	好	形 よい	1
-hǎo	-好	(結果補語) ちゃんとできている	5
hǎochī	好吃	形 おいしい	1
hǎohāor	好好儿	副 思う存分	11
hǎojiǔ	好久	形 長いこと	5
hǎokàn	好看	形 美しい	7
hǎoxiàng 〜 yíyàng	好像 〜 一样	まるで〜のようだ	7

hē	喝	動 飲む	5
hé	和	接 〜と…	2
		前 〜と	4
hé	盒	量 (箱に入っているものを数える) 〜箱	4
héfú	和服	名 和服	5
héshì	合适	形 ふさわしい	5
hēi	黑	形 暗い、黒い	文1
hěn	很	副 とても	1
Héngbīn	横滨	名 横浜	2
hóngchá	红茶	名 紅茶	6
hòu	后	名 後	1
hòulái	后来	名 その後、それから	7
hùliánwǎng	互联网	名 インターネット	3
hùxiāng	互相	副 互いに	7
huā	花	動 (お金を) 使う	12
huāchá	花茶	名 ジャスミン茶	6
huājiāo	花椒	名 サンショウ	8
huá	滑	動 滑る	10
huáxuě	滑雪	動 スキーをする	10
huàr	画儿	名 絵	7
huàzhuāngpǐn	化妆品	名 化粧品	6
huānyíng guānglín	欢迎光临	いらっしゃいませ	5
huángjīnzhōu	黄金周	名 ゴールデンウィーク	5
huí	回	動 帰る	3
-huí	-回	(方向補語)〜(して)戻る	4
huídá	回答	動 答える	文1
huì	会	助動 〜できる	2
-huì	-会	(結果補語)(技能や技術などを)〜してできるようになる	5
-huilai	-回来	(方向補語)〜(して)戻ってくる	4
-huiqu	-回去	(方向補語)〜(して)戻っていく	4
huódòng	活动	名 活動、イベント	1

――――― J ―――――

jīchǎng	机场	名 空港	12
jīhuì	机会	名 機会、チャンス	11
jíshǐ 〜 yě …	即使 〜 也 …	たとえ〜でも…	3
jǐ	几	代 いくつか	2
jì	记	動 覚える	6
jì	寄	動 (手紙などを) 送る	9

jì ~ yòu …	既 ~ 又 …		～でもあり…でもある ①
jìbuzhù	记不住		覚えられない ⑥
jìdezhù	记得住		覚えられる ⑥
jiā	家	名	家 ②
		量	(家・商店などを数える)～軒 ④
jiā	夹	動	挟む ⑨
jiā	加	動	加える ⑦
jiātíng	家庭	名	家庭 ②
jiàqian	价钱	名	値段 ④
jiàshǐ zhízhào	驾驶执照	名	運転免許証 ⑫
jiàzi	架子	名	棚 ④
jiǎndān	简单	形	単純である、簡単である ⑫
jiàn	件	量	(事柄や洋服を数える)～件、～枚 ②
jiàn	见	動	① 見る、目に入る ④ ② 会う ⑨
jiànjiàn	渐渐	副	だんだん 文1
jiànkāng	健康	形	健康である ②
jiànmiàn	见面	動	会う、対面する ⑩
jiǎnghuà	讲话	動	スピーチする 文3
jiāo	教	動	教える ①
jiāo	交	動	提出する ⑪
jiāohuàn	交换	動	交換する ①
jiāoliú	交流	動	交流する ①
jiāo péngyou	交朋友		友達になる ⑦
jiǎozi	饺子	名	ギョーザ ①
jiào	叫	動	名を～という、呼ぶ ①
jiàoshì	教室	名	教室 ⑤
jiàoshòu	教授	名	教授 ①
jiàoxǐng	叫醒		呼び覚ます、起こす ⑨
jiēzhe	接着	副	続けて ⑧
jié	节	量	(授業の)コマ ①
jiéguǒ	结果	接	結局 ⑩
jiéhūn	结婚	動	結婚する ⑫
jiějie	姐姐	名	姉、お姉さん ①
jiěmèi	姐妹	名	姉妹 ②
jiè	借	動	借りる ①
jīnhòu	今后	名	今後、以後 ①
jīnnián	今年	名	今年 ②
jīntiān	今天	名	今日 ④
jìn	进	動	入る ④
jìn	-进		(方向補語)～(して)入る ④

jìnqíng	尽情	副	心ゆくまで ⑪
-jinlai	-进来		(方向補語)～(して)入ってくる ④
-jinqu	-进去		(方向補語)～(して)入っていく ④
jīngcháng	经常	副	よく、しょっちゅう ②
jīngjì	经济	名	経済 ①
jīngjù	京剧	名	京劇 文2
jìngzi	镜子	名	鏡 ④
jiǔ	久	形	(時間が)長い、久しい ⑪
jiǔ	酒	名	酒 ⑪
jiù	就	副	① (仮定などを表わす前節を受けて)そうしたら、それなら ③ ② すぐに ⑤ ③ ほかならぬ ⑨ ④ (ほかでもなく)～だけ ⑪
jiùyào ~ le	就要～了		まもなく～になる ⑪
júzi	橘子	名	みかん ②
jù	句	量	言葉や文を数える単位 ⑩
jùcān	聚餐	動	会食する ⑧
juéde	觉得	動	思う ③
juédìng	决定	動	決める ⑫
juéxīn	决心	動	決心する ⑫

——— K ———

kāfēi	咖啡	名	コーヒー ⑤
kǎlā'ōukèi	卡拉 OK	名	カラオケ ③
kāi	开	動	① 開く ④ ② (車などが)出発する ⑦
kāichē	开车	動	運転する ③
kāishǐ	开始	動	始める ⑦
kāixīn	开心	形	楽しい ⑦
kàn	看	動	見る、読む ①
kànbujiàn	看不见		見えない ⑥
kàndejiàn	看得见		見える ⑥
kànshàng	看上	動	気に入る ④
kǎoshì	考试	名	試験 ②
kělè	可乐	名	コーラ ⑧
kěshì	可是	接	けれども、しかし ③

kěyǐ	可以	助動	～してよい、（許可して）～できる	③
kè	课	名	科目、授業	①
kèqi	客气	動	気をつかう、遠慮する	⑧
kèren	客人	名	客	⑤
kèwài huódòng	课外活动	名	課外活動	④
kǒu	口	量	家族の人数を数えるときに使う	②
kuā	夸	動	ほめる	⑩
kuài	快	形	速い	文1
kuài ～ le	快 ～ 了		もうすぐ～だ	⑪
kuàicāndiàn	快餐店	名	ファストフード店	⑩
kuàilè	快乐	形	楽しい、愉快である	⑪
kuàngquánshuǐ	矿泉水	名	ミネラルウォーター	④

――――― L ―――――

là	辣	形	辛い	⑧
làjiāo	辣椒	名	唐辛子	⑧
la	啦	助	～よ	⑨
lái	来	動	来る	①
láibují	来不及		間に合わない	⑥
láidejí	来得及		間に合う	⑥
-lai	-来		（方向補語）～（して）くる	④
lánqiú	篮球	名	バスケットボール	⑩
lǎojiā	老家	名	故郷	⑦
lǎolao	姥姥	名	母方のおばあさん	②
lǎopéngyou	老朋友	名	古い友人	⑦
lǎoshī	老师	名	先生	①
lǎoye	姥爷	名	母方のおじいさん	②
le	了	助	①（完了を表わす）～した	①
			②（変化を表わす）～のようになる	②
lèi	累	形	疲れる	④
lí	离	前	～から	⑤
lǐ	里	名	なか	②
lǐjiě	理解	動	理解する	③
lǐyóu	理由	名	理由	⑫
lián ～ dōu …	连 ～ 都 …		～さえも…	②
lián ～ yě …	连 ～ 也 …		～さえも…	②
liánxì	联系	動	連絡する	⑧
liànxí	练习	動	練習する	⑧
liǎng	两	数	2つ	④

liáo	聊	動	雑談する	③
liáotiānr	聊天儿	動	世間話をする、雑談をする	③
liǎojiě	了解	動	知る、理解する	⑫
lín	淋		（水などを）かける	⑨
línshī	淋湿		（水などを）かけて濡らす	⑨
línghuāqián	零花钱	名	小遣い	④
língshí	零食	名	おやつ、間食	⑨
lìng	另	代	別の	⑧
liúlì	流利	形	流暢である	⑦
liúxíng	流行	動	流行する	①
liúxué	留学	動	留学する	①
liúxuéshēng	留学生	名	留学生	①
lóu	楼	名	階	⑨
lù	录	動	録音する	⑨
lùnwén	论文	名	論文	②
lǚguǎn	旅馆	名	旅館	⑤
lǚxíng	旅行	動	旅行する	②
lǚyóu	旅游	動	旅行する	⑥

――――― M ―――――

māma	妈妈	名	母、お母さん	①
má	麻	形	（舌が）ぴりぴりする、しびれる	⑧
mápódòufu	麻婆豆腐	名	マーボードウフ	④
mǎlù	马路	名	大通り	④
ma	吗	助	～か	②
mǎi	买	動	買う	②
màikèfēng	麦克风	名	マイク	文2
-mǎn	-满		（結果補語）いっぱいである	⑤
mànhuà	漫画	名	漫画	①
mànmàn	慢慢	副	次第に	⑨
máng	忙	形	忙しい	②
máoyī	毛衣	名	セーター	文1
méi guānxi	没关系		かまわない、大丈夫だ	⑩
méi(yǒu)	没(有)	動	～ない、持っていない	①
méi(you)	没(有)	副	～しなかった、～していない	③
měi	每	代	毎	⑥
měi ～ dōu …	每 ～ 都 …		すべての～はみな…	②
Měiguó	美国	名	アメリカ	⑪

měi nián	每年		毎年	②
měi tiān	每天		毎日	②
mèimei	妹妹	名	妹	②
mén	门	名	入り口、門	④
men	们	接尾	〜たち	②
miànjī	面积	名	面積	⑩
miàntiáo	面条	名	麺	⑥
míngbai	明白	動	わかる	③
míngnián	明年	名	来年	②
míngtiān	明天	名	明日	④
míngzi	名字	名	名前	②
mǔqin	母亲	名	母親	②

———— N ————

ná	拿	動	手に持つ、手に取る	④
nǎr	哪儿	代	どこ	③
nǎxiē	哪些	代	どれ、どんな	⑪
nà	那	代	あれ、それ	②
nàli	那里	代	あそこ、そこ	⑧
nàme	那么	代	そんなに、あんなに	②
nǎinai	奶奶	名	父方のおばあさん	②
nán	难	形	難しい	⑫
nánpéngyou	男朋友	名	ボーイフレンド	⑪
nàozhōng	闹钟	名	目覚まし時計	⑨
ne	呢	助	① 〜は？	⑦
			② 〜といえば	⑪
něige	哪个	代	どの	③
nèige	那个	代	あの、その	①
nèiróng	内容	名	内容	⑥
néng	能	助動	〜できる	①
nǐ	你	代	あなた	②
nǐmen	你们	代	あなたたち	文1
nián	年	名	年	②
niánjí	年级	名	学年	①
niánqīngrén	年轻人	名	若者	文1
niàn	念	動	（声を出して）読む	⑫
niànchéng	念成		（〜と）発音してしまう	⑫
nín	您	代	あなた（丁寧な言い方）	⑪
niúzǎikù	牛仔裤	名	ジーンズ	④
nǔlì	努力	形	一生懸命である	②
		動	努力する	⑥
nuǎnhuo	暖和	形	暖かい	②
nǚ	女	名	女性	①

———— O ————

Ōu-Měi	欧美	名	欧米	①
ǒuxiàng	偶像	名	アイドル	文1

———— P ————

pá	爬	動	（山などに）登る	⑧
páshān	爬山	動	山登りする	②
pà	怕	動	恐れる、心配する	⑨
pāi	拍	動	（写真などを）撮る	⑨
páiqiú	排球	名	バレーボール	文1
pán	盘	量	〜皿	⑤
pàn	盼	動	待ち望む、切に希望する	⑫
pángbiānr	旁边儿	名	そば、横	⑤
pàng	胖	形	太っている	⑨
pǎo	跑	動	走る	④
pào wēnquán	泡温泉		温泉に入る	⑤
péi	陪	動	付き添う	④
péngyou	朋友	名	友達	①
píbāo	皮包	名	（革製の）カバン、バッグ	④
píjiǔ	啤酒	名	ビール	⑫
piányi	便宜	形	安い	①
piàoliang	漂亮	形	きれいである	文1
pīngpāngqiú	乒乓球	名	卓球	②
píng	瓶	量	（瓶などを数える）〜本	④
píngshí	平时	名	普段	⑤
pǔtōng lièchē	普通列车		普通列車	⑦

———— Q ————

qījiān	期间	名	期間	⑧
qǐ	起	動	起きる	⑥
-qǐ	-起		（方向補語）（低い位置から）上げる、上がる	④
qǐchuáng	起床	動	起きる、起床する	⑨
qìchē	汽车	名	車	⑫
-qilai	-起来		① （方向補語）（低い位置から）上げてくる、上がってくる	④
			② 〜しだす	⑨

qiān	千	数	1000	4
qián	前	名	前	5
qián	钱	名	お金	6
qiánbianr	前边儿	名	前	文2
qiántiān	前天	名	おととい	8
qiáo	桥	名	橋	4
qīn jiěmèi	亲姐妹		実の姉妹	7
qīngchu	清楚	形	はっきりしている	5
qù	去	動	行く	1
qùnián	去年	名	去年	2
-qu	-去		（方向補語）～（して）いく	4
quánjiā	全家		家族全員	5
quèshí	确实	副	確かに	3

————R————

ránhòu	然后	接	そのあと	4
ràng	让	動	（人に）～させる	11
rè	热	形	暑い	2
rèqíng	热情	形	親切である、心がこもっている	5
rèxīn	热心	形	熱心である	2
rén	人	名	人	1
rénkǒu	人口	名	人口	10
rènshi	认识	動	知り合う	1
Rìběn	日本	名	日本	1
rìcháng	日常	形	日常の	12
Rìyǔ	日语	名	日本語	2
rìyuán	日元	名	円	4
róngyì	容易	形	易しい、容易である	12
rúguǒ ～ jiù…	如果～就…		もし～だったら…	8

————S————

shān	山	名	山	10
shāngdiàn	商店	名	商店	1
shàng	上	名	① 上	2
			② 前の	5
		動	（学校に）通う	7
-shàng	-上		（方向補語）～（して）上る	4
shàngbān	上班	動	出勤する	3
shàng cì	上次		前回	2
Shànghǎi	上海	名	上海	4
shàngkè	上课	動	授業を受ける	文2

shàngwǎng	上网	動	インターネットにアクセスする	3
shàngwǔ	上午	名	午前	1
shàngyìng	上映	動	封切る、上映する	6
-shanglai	-上来		（方向補語）～（して）上ってくる	4
-shangqu	-上去		（方向補語）～（して）上っていく	4
shǎo	少	動	なくなる	5
		形	少ない	9
shèhuì	社会	名	社会	1
shètuán huódòng	社团活动		（学生の）クラブやサークル活動	1
shéi	谁	代	誰か	3
shēntǐ	身体	名	身体	2
shénme	什么	代	なに、どんな	3
shénmede	什么的	助	～など、～とか	6
shénme shíhou	什么时候		いつ	3
shēnghuó	生活	名	生活	1
		動	生活する	2
shēngqì	生气	動	怒る	10
shēngyīn	声音	名	声、音	5
-shī	-湿		（方向補語）～（して）濡れている	9
shí	时	名	とき	5
shíguāng	时光	名	時間	11
shíhou	时候	名	とき	1
shíjiān	时间	名	時間	3
shíyòng	实用	形	使い勝手がよい	10
shízhuāng	时装	名	ファッション	1
shì	是	動	～である	1
shì	事	名	こと	2
shì	试	動	試す	6
shìjiè wénhuà yíchǎn	世界文化遗产	名	世界文化遺産	11
shìnèi	室内	名	室内	8
shìpín	视频	名	動画	6
shì yīnwèi ～	是因为～		～だからである	12
shǒu	首	量	（歌や詩を数える）～首、～曲	2
shǒu	手	名	手	4
shǒujī	手机	名	携帯電話	1
shǒuzhǐ	手纸	名	トイレットペーパー	12
shū	书	名	本	1
shūdiàn	书店	名	本屋	4

shūfu	舒服	形 気持ちがいい、心地よい	10
shǔjià	暑假	名 夏休み	10
shuǐguǒ	水果	名 くだもの	8
shuǐjiǎo	水饺	名 水ギョーザ	12
shuì	睡	動 眠る	3
shuìjiào	睡觉	動 寝る	9
shuì lǎnjiào	睡懒觉	動 寝坊する	11
shùnlì	顺利	形 順調である	文1
shuō	说	動 ① 話す	3
		② 説教する、叱る	3
shuōhuà	说话	動 話をする、話す	4
Sìchuān	四川	名 四川	8
sìshēng	四声	名 四声	12
sòng	送	動 贈る、送る	9
sùshè	宿舍	名 宿舎	9
suīrán ~ dànshì…	虽然 ~ 但是 …	~ではあるが、しかし…	10
suì	岁	名 歳	2

——— T ———

tā	他	代 彼	1
tā	她	代 彼女	1
tā	它	代 (物事や動物を指して) それ、そのもの、そのこと	9
tāmen	她们	代 彼女たち	1
tāmen	他们	代 彼ら	4
tái	台	量 (機械などを数える) ~台	2
		名 舞台	文3
Táiwān	台湾	名 台湾	2
tài	太	副 あまりにも	8
tài ~ le	太 ~ 了	あまりにも~である	2
tán	弹	動 弾く	6
tǎng	躺	動 横たわる	文2
tàng	趟	量 往復を1つの単位として数えるときに使う	10
tèbié	特别	副 ことのほか、特別に	3
tèbié shì	特别是	特に	6
tī	踢	動 蹴る	文1
tiān	天	名 ① 日	5
		② 空	文1
tiānqì	天气	名 天気	4

tián	甜	形 甘い	2
tiáo	条	量 (スカートやズボンを数える) ~枚、~本	4
tiē	贴	動 貼る	5
tīng	听	動 聞く	3
tīngshuō	听说	動 ~と聞いている、話によると~だそうだ	7
tíng	停	動 停まる	文1
tóngxué	同学	名 同級生	1
tóngyì	同意	動 同意する、賛成する	8
tòngkuai	痛快	形 気持ちがすっきりする	3
túshūguǎn	图书馆	名 図書館	1

——— W ———

wā	哇	感 わあ	4
wàibianr	外边儿	名 そと	8
wàiguó	外国	名 外国	3
wàiyǔ	外语	名 外国語	1
wàizǔfù	外祖父	名 外祖父	2
wàizǔmǔ	外祖母	名 外祖母	2
-wán	-完	(結果補語) ~し終える	6
wánr	玩儿	動 遊ぶ	1
wǎn	晚	形 遅い	1
wǎncān	晚餐	名 晩餐	5
wǎnfàn	晚饭	名 夕飯	文3
wǎnshang	晚上	名 夜	3
wàn	万	数 10000	4
wǎnggòu	网购	動 ネットショッピングをする	3
wǎngqiú	网球	名 テニス	8
wǎngqiúchǎng	网球场	名 テニスコート	8
wǎngqiúduì	网球队	名 テニスチーム	8
wǎngshàng	网上	ネット上	3
wàng	忘	動 忘れる	8
Wēixìn	微信	名 WeChat	7
wèishénme	为什么	なぜ、どうして	5
wēnquán	温泉	名 温泉	5
wénxué	文学	名 文学	1
wèn	问	動 聞く、尋ねる	7
wènhòu	问候	動 挨拶する	7
wèntí	问题	名 問題	文1
wǒ	我	代 私	1

wǒmen	我们	代	私たち	1
wūzi	屋子	名	部屋	4
wúlùn ~ dōu…	无论 ~ 都…		~であろうと…、~を問わず…	8
wúlùn ~ yě…	无论 ~ 也…		~であろうと…、~を問わず…	8
wǔfàn	午饭	名	昼食	2

——— X ———

Xī'ān	西安	名	西安	7
xīguā	西瓜	名	スイカ	文1
xīwàng	希望	動	希望する、望む	1
xíguàn	习惯	動	慣れる	9
xǐ	洗	動	洗う	11
xǐhuan	喜欢	動	好きである、好む	1
xǐjù	喜剧	名	コメディ	11
xì	系	名	学部	1
xià	下	動	(雨などが) 降る、(乗り物などから) 降りる	文1
-xià	-下		(結果補語)~(して)下る	4
xià cì	下次	名	次回	5
xiàkè	下课	動	授業が終わる	1
xiàtiān	夏天	名	夏	2
Xiàwēiyí	夏威夷	名	ハワイ	11
xiàwǔ	下午	名	午後	1
xià yǔ	下雨		雨が降る	6
-xialai	-下来		(結果補語)~(して)下ってくる	4
-xiaqu	-下去		(結果補語)~(して)下っていく	4
xiān	先	副	先に、まず	3
xiànmù	羡慕	動	うらやむ	11
xiànzài	现在	名	いま、現在	2
xiǎng	想	助動	~したいと思う	3
		動	思う、考える	文3
xiǎngdào	想到		思いつく	10
xiǎngshòu	享受	動	楽しむ	11
xiǎngxiàng	想像	動	想像する	12
xiàngjī	相机	名	カメラ	4
xiāofèi	消费	動	消費する	1
xiǎo	小	接頭	~さん	1
		形	小さい	5
xiǎoshí	小时	名	時間 (60分のこと)	10

xiǎoshì	小事	名	ささいなこと	3
xiǎoshuō	小说	名	小説	文1
xiǎoxué	小学	名	小学校	9
xiào	笑	動	笑う	4
xiàozhǎng	校长	名	校長	文3
xiě	写	動	書く	7
xīn	新	形	新しい	6
xīnkǔ	辛苦	形	心身ともにつらい	2
xīnkuǎn	新款	名	新しいデザイン	4
xīnlǐ	心理	名	心理	1
xīnlǐxué	心理学	名	心理学	1
xīnnián	新年	名	新年	11
xīnwén	新闻	名	ニュース	3
xìn	信	動	信じる、信用する	9
xīngqī	星期	名	週	1
xīngqīliù	星期六	名	土曜日	2
xīngqītiān	星期天	名	日曜日	3
xíngli	行李	名	荷物	文1
xiōngdì	兄弟	名	兄弟	2
xiūxi	休息	動	休む	2
xuǎnxiūkè	选修课	名	必修科目	1
xué	学	動	学ぶ	3
xuéfēn	学分	名	(大学の) 履修単位	12
xuésheng	学生	名	学生	1
xuéxí	学习	動	学習する、勉強する	1
xuéxiào	学校	名	学校	4

——— Y ———

yālì	压力	名	プレッシャー、ストレス	11
yángé	严格	形	厳しい、厳格である	1
yǎnjìng	眼镜	名	眼鏡	文2
yào	要	助動	~すべきである、~しなければならない	9
yàohǎo	要好	形	仲がよい	7
yàoshi ~ jiù…	要是 ~ 就…		もし~ならば…	8
yéye	爷爷	名	父方のおじいさん	2
yě	也	副	~も	2
yèli	夜里	名	夜中	10
yī ~ jiù…	一 ~ 就…		~すると(すぐに)…	6
Yīdòu	伊豆	名	伊豆	5
yīfu	衣服	名	衣服	9
yīshēng	医生	名	医者	1
yídìng	一定	副	必ず	6

yígòng	一共	副	全部で	11
yíhuìr	一会儿	名	少しの間	5
yílùshang	一路上	名	道中	7
yíxià	一下	数量	ちょっと、少し	4
yǐhòu	以后	名	以後	6
yǐjīng	已经	副	すでに	2
yǐqián	以前	名	以前	6
yǐzi	椅子	名	椅子	5
yìbān	一般	副	通常、たいてい	1
yìbiānr ~ yìbiānr …	一边儿 ~ 一边儿 …		~しながら…する	5
Yìdàlì	意大利	名	イタリア	11
yìdiǎnr	一点儿	数量	少し、ちょっと	4
yìdiǎnr dōu bù ~	一点儿都不 ~		少しも~しない、まったく~しない	3
yìdiǎnr dōu méi ~	一点儿都没 ~		少しも~しなかった、まったく~しなかった	3
yìdiǎnr yě bù ~	一点儿也不 ~		少しも~しない、まったく~しない	3
yìdiǎnr yě méi ~	一点儿也没 ~		少しも~しなかった	3
yìjǔliǎngdé	一举两得	成語	一举両得、一石二鳥	10
yìqǐ	一起	副	一緒に	1
		名	同じ所	11
yìxiē	一些		いくつか	11
yìzhí	一直	副	ずっと	文1
yīnwèi	因为	接	なぜなら	5
yīnwèi ~ suǒyǐ …	因为 ~ 所以 …		~なので…	5
yīnyuè	音乐	名	音楽	1
Yīngguó	英国	名	イギリス	11
Yīngyǔ	英语	名	英語	1
yíngyǎng	营养	名	栄養	10
yǐngxiǎng	影响	動	影響する、影響を与える	10
yòng	用	動	使う	7
yònggōng	用功	形	(勉強に)熱心である	2
yóuxì	游戏	名	ゲーム	3
yóuyǒng	游泳	動	泳ぐ	5
yǒu	有	動	ある、いる	1
yǒude	有的	代	~のもある、~のもいる	1
yǒude ~ yǒude …	有的 ~ 有的 …		~もあるし…もある、~もいるし…もいる	1

yǒude shíhou	有的时候		時には	2
yǒumíng	有名	形	有名である	11
yǒuyìsi	有意思	形	おもしろい	3
yòu	又	副	また	4
yòu ~ yòu …	又 ~ 又 …		~でもあり、…でもある	1
yúkuài	愉快	形	楽しい、愉快である	1
yúshì	于是	接	そこで	10
yǔ	雨	名	雨	6
Yuándàn	元旦	名	元旦	11
yuánlái	原来	副	なんと~だった	7
yuǎn	远	形	遠い	5
yuē	约	動	約束する	5
yuè	月	名	月	2
yuèláiyuè	越来越		ますます	6
yùndòng	运动	動	運動する	9

─────── Z ───────

zázhì	杂志	名	雑誌	4
zài	在	前	~で	1
		動	(~に)ある、(~に)いる	2
-zài	-在		(結果補語)(ある場所に)~する	5
zài	再	副	① もう一度、再度、再び	10
			② それから	11
zàihu	在乎	動	気にする	3
zài yě bù ~ le	再也不 ~ 了		二度とは~しない	9
zài yě méi ~ guo	再也没 ~ 过		二度と~することがなかった	9
zánmen	咱们	代	私たち(聞き手を含んだ言い方)	3
zǎofàn	早饭	名	朝食	5
zǎoshang	早上	名	朝	6
zǎo yì tiān	早一天		一日も早く	12
zěnme	怎么	代	① どう、どのように	7
			② なぜ、どうして	5
zěnme bàn	怎么办		どうしよう	7
zěnmeyàng	怎么样	代	どう、いかが	7
zhàn	站	動	立つ	4
zhāng	张	量	(紙や机などを数える)~枚、~台	2
zhǎo	找	動	さがす	5

zhǎobudào	找不到		見つからない	6
zhǎodedào	找得到		見つかる	6
zhào	照	動	① (写真を) 撮る	4
			② (鏡に) 映す	4
zhàopiàn	照片	名	写真	5
zhàoxiàng	照相	動	写真を撮る、撮影する	10
zhè	这	代	これ、それ	1
zhème	这么	代	こんなに、そんなに	2
zhèr	这儿	代	ここ、そこ	7
zhè shí	这时		このとき	7
zhèxiē	这些	代	これら、それら	3
zhèyàng	这样	代	このように、このような	12
zhèyàng dehuà	这样的话		そうであるなら	12
zhe	着	助	① (持続を表わす) ～ている	4
			② (手段や状態を表わす) ～して／～しながら(…する)	4
zhèige	这个	代	この、その	1
zhēn	真	副	本当に	3
zhěngtiān	整天	名	一日中	2
zhèng	挣	動	(お金を) 稼ぐ	10
zhènghǎo	正好	副	都合よく、折よく	12
zhèngzài	正在	副	ちょうど～している	2
zhīdao	知道	動	知っている	2
zhíyuán	职员	名	社員	2
zhǐyào ～ jiù …	只要 ～ 就 …		～さえすれば…	6
zhǐyǒu ～ cái …	只有 ～ 才 …		～してこそはじめて…	12
zhōng	中	名	中	8
Zhōngguó	中国	名	中国	1
Zhōngguórén	中国人	名	中国人	1
Zhōnghuájiē	中华街	名	中華街	1
Zhōngwén	中文	名	中国語	6
zhòng	中	動	当たる	10
zhōu	周	名	週	10
zhōumò	周末	名	週末	2
zhōuwéi	周围	名	周り	7
zhù	住	動	住む	5
-zhù	-住		(結果補語) しっかり～する	6
zhuānyè	专业	名	学科、専攻	1
zhuàng	撞	動	ぶつかる	10
zhǔnbèi	准备	動	① 用意する	5
			② ～する予定である	11
zhuōzi	桌子	名	テーブル、机	2
zìcóng	自从	前	～から	6
zìmù	字幕	名	字幕	6
zìwǒ jièshào	自我介绍		自己紹介	1
zìxíngchē	自行车	名	自転車	文2
zìyóuzìzài	自由自在	成語	思いのままに	2
zǒngshì	总是	副	いつも	5
zǒu	走	動	歩く	4
-zǒu	-走		(結果補語) (もとの位置から離れて) 行ってしまう	9
zúqiú	足球	名	サッカー	文1
zúqiúduì	足球队	名	サッカーチーム	1
zǔfù	祖父	名	祖父	2
zǔmǔ	祖母	名	祖母	2
zuì	最	副	最も	3
zuìhòu	最后	名	最後	4
zuìjìn	最近	名	最近	3
zuótiān	昨天	名	昨日	1
zuǒyòu	左右	名	～ぐらい、～前後	文1
zuò	做	動	① する	2
			② 作る	3
zuò	坐	動	① 座る	5
			② 乗る	7
zuòmèng	做梦	動	夢を見る	7
zuòyè	作业	名	宿題	2
zuò zuòyè	做作业		宿題をやる	2

著者略歴

劉　穎（りゅう　えい）
　　前北京市外国語学校卒業。関西大学大学院博士後期課程単位取得退学。
　　元北京外国語師範学院（現首都師範大学外国語学院）専任講師。
　　成城大学名誉教授。
柴　森（さい　しん）
　　中国山東大学卒業。北京大学大学院修士課程修了。
　　元北京語言大学専任講師。現在、早稲田大学、中央大学講師。
小澤正人（おざわ　まさひと）
　　早稲田大学大学院博士後期課程単位取得退学。
　　成城大学教授。
杉野元子（すぎの　もとこ）
　　慶應義塾大学大学院博士後期課程単位取得退学。
　　慶應義塾大学教授。

2冊めの中国語 《講読クラス》（改訂版）

2024 年 2 月 1 日　印刷
2024 年 2 月 10 日　発行

著　者ⓒ　　劉　　　　穎
　　　　　　柴　　　　森
　　　　　　小　澤　正　人
　　　　　　杉　野　元　子
発行者　　岩　堀　雅　己
印刷所　　倉敷印刷株式会社
発行所　101-0052 東京都千代田区神田小川町 3 の 24　株式会社　白水社
　　　　　電話 03-3291-7811（営業部）, 7821（編集部）
　　　　　www.hakusuisha.co.jp
　　　　　乱丁・落丁本は、送料小社負担にてお取り替えいたします。

振替 00190-5-33228　　　　Printed in Japan　　　　誠製本株式会社

ISBN978-4-560-06945-5

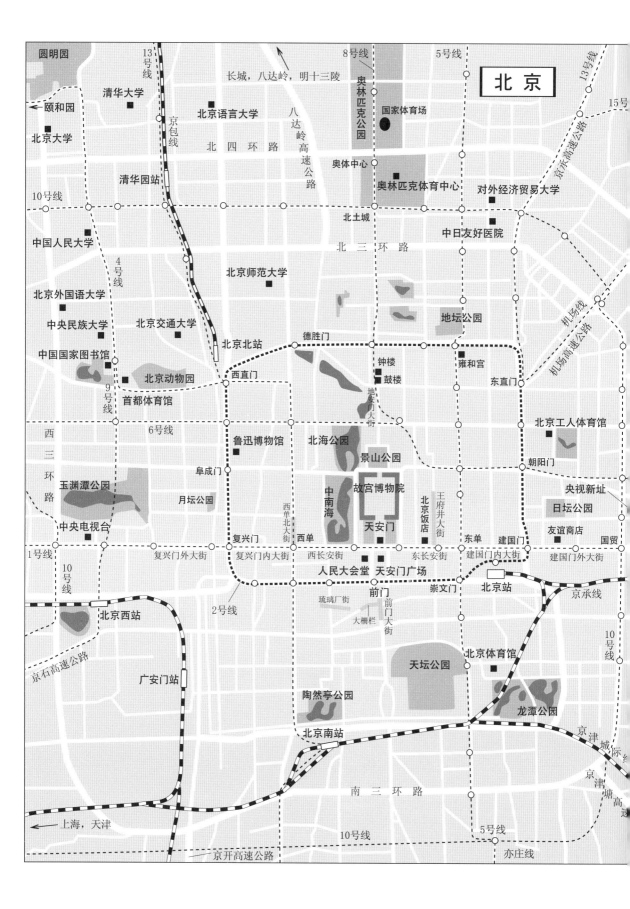

北京

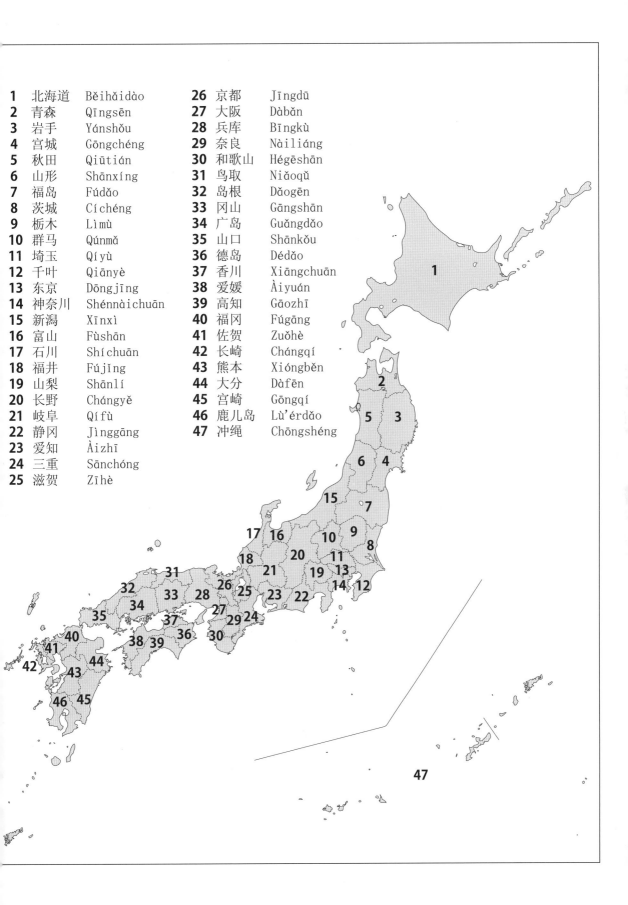

1	北海道	Běihǎidào	26	京都	Jīngdū
2	青森	Qīngsēn	27	大阪	Dàbǎn
3	岩手	Yánshǒu	28	兵库	Bīngkù
4	宫城	Gōngchéng	29	奈良	Nàiliáng
5	秋田	Qiūtián	30	和歌山	Hégēshān
6	山形	Shānxíng	31	鸟取	Niǎoqǔ
7	福岛	Fúdǎo	32	岛根	Dǎogēn
8	茨城	Cíchéng	33	冈山	Gāngshān
9	栃木	Lìmù	34	广岛	Guǎngdǎo
10	群马	Qúnmǎ	35	山口	Shānkǒu
11	埼玉	Qíyù	36	德岛	Dédǎo
12	千叶	Qiānyè	37	香川	Xiāngchuān
13	东京	Dōngjīng	38	爱媛	Àiyuán
14	神奈川	Shénnàichuān	39	高知	Gāozhī
15	新潟	Xīnxì	40	福冈	Fúgāng
16	富山	Fùshān	41	佐贺	Zuǒhè
17	石川	Shíchuān	42	长崎	Chángqí
18	福井	Fújǐng	43	熊本	Xióngběn
19	山梨	Shānlí	44	大分	Dàfēn
20	长野	Chángyě	45	宫崎	Gōngqí
21	岐阜	Qífù	46	鹿儿岛	Lù'érdǎo
22	静冈	Jìnggāng	47	冲绳	Chōngshéng
23	爱知	Àizhī			
24	三重	Sānchóng			
25	滋贺	Zīhè			